National Competency Standards

유능한 보육교사를 위한

보 육 실 습

Practicum in Child-Care Centers and Teacher Education

이광희 · 백승민 공저

도서출판 상학당

PREFACEPREFACEPREFACEPREFACEPREFACEPREFACEPREFACEPREFACEPREFACEPR

머 리 말

대학에서 수년간 보육실습 교과목을 강의해오면서 그동안의 실습지도 경험을 엮어 공동으로 집필하게 되었습니다. 그러나 막상 부딪혀 보니 관련서적은 이미 출판해 놓은 책들이 많을 뿐 아니라 시대적으로 독창적인 책이 없다는 점이 부담이 되었습니다.

보육실습 과목은 새로운 보육정책의 실습 강화 변화에 따라 이론적 토대가 필요함을 확신하며 전공하는 학도나, 가르치는 사람, 보육현장의 전문가에게 반드시 주요 열쇠가 됨을 확신합니다. 무엇보다도 이 책을 집필하면서 저자들에게 많은 번뇌, 사회적 이슈마다 변경되는 교육 변화, 그리고 부족한 참을성 등, 이 모든 고민을 녹여낼 수 있는 시간이었음을 고백합니다.

어느 시대 어느 국가를 막론하고 전 세계의 아동은 귀한 사랑을 받아야 하는 존재입니다. 마땅히 이들의 존엄성을 유지시키고 행복한 삶과 건강한 성장발달을 하도록 하는 우리의 노력이 필요합니다.

이 책은 보육실습을 수행하려는 학생들과 가르치는 사람, 예비 보육교사, 어린이집 보육교직원들에게 유용한 지식을 가질 수 있게 이해를 도모하고자 보육실습의 개념 및 의의, 보육실습 단계와 준비, 실습내용과 평가 뿐 아니라 사회생활 준비가 필요한 예비 교사들을 위한 어린이집 일과에 대한 이해와 문서관리 능력 등 유능한 보육교사의 첫 걸음을 뗄 수 있는 내용을 담고 있습니다.

저자들은 공동 집필 과정에서 집필방향이 일관될 수 있도록 의견을 교환하여 노력을 하였으나 미흡한 부분이 있을 것입니다. 아무쪼록 보육실습에 관심 있는 분들의 관심어린 조언을 부탁드립니다.

그리고 이 책을 세상에 나오게 해주신 도서출판 상학당의 남승우 사장님께 감사드리고 꼼꼼히 편집해 주신 직원 분들에게도 감사의 마음을 전합니다. 때로는 늦은 밤까지, 때로는 동트는 새벽까지, 불을 밝히며 함께 고생한 저자들, 관심과 지지를 보여주신 동료 교수님들께도 진심으로 고마운 마음을 전합니다. 또한 이 세상에서 가장 소중한 가족들에게 미안한 마음과 한없는 사랑을 전합니다.

이제 곧 새 학기… 새 해가 … 새로운 예비보육교사들과 함께 다가옵니다.

끝으로 그동안 집필에 지원을 아끼지 않으셨던 분들의 조언을 추억에 남기며, 그 기대에 보답하기 위해, 학문의 열정을 늦추지 않고 계속 정진하겠습니다.

깊은 감사를 드립니다.

2015년 10월

저자 일동

CONTENTSCONTENTSCONTENTSCONTENTSCONTENTSCONTENTSCONTENTSCONTENTS

차 례

05 일과 활동에 대한 이해와 지식_95

06 보육교사와 문서관리_139

07 유능한 보육교사 되기_169

01 보육실습의 개념과 의의

1. 보육실습의 개념
2. 보육실습의 의의
3. 보육실습기준
4. 보육실습기관의 유형 및 실습효과

1 보육실습의 개념

보육이란 영유아가 자기 집에서 양육받기 어려운 경우 하루 중 일정한 시간의 보호적인 서비스를 받는 차원으로 개념화되어 정의되었다. 그러나 단순한 부모 대신 차원의 보호서비스가 아니라 아동권리에 대한 관심 증대에 따라 영유아가 건강하고 행복하고 유능하게 발달할 수 있도록 지원하는 종합적인 서비스로 인식되고 있다. 이에 따라 1991년 '영유아보육법' 제정과 더불어 법적 용어로 사용되고 있다.

보육실습은 예비보육교사가 되고자 준비하는 학생들에게 보육교사로서의 전문적 자질형성을 도와주도록 어린이집 현장에서 직접 경험하게 하는 것이다. 국가가 발급하는 '보육교사 자격증'을 취득하기 위해 필수적일 뿐 아니라 대학(교) 및 보육교사교육원에서의 이론 지식을 적용하는 기초과정인 것이다.

한국보육진흥원이 제안하는 양성교육기관에서의 보육실습지도를 위한 목표는 다음과 같이 그 역량을 강화하고 있다(한국보육진흥원, 2013).

- 보육의 철학과 목적 및 목표에 대한 생각을 발전시킨다.
- 실제 경험을 토대로 영유아에 대한 심화된 이해를 한다.
- 연령과 발달 수준에 적합한 구체적인 보육내용, 놀이 중심의 상호작용, 영유아의 흥미를 고려한 효과적인 교수법 등을 관찰하고 직접 수행해 본다.
- 실습기관 실내외의 환경구성 및 자료의 적절한 활용을 경험한다.
- 보육교사의 전문적 역할과 책임, 태도를 직접 경험한다.
- 보육실습생 스스로 보육교사로서의 자질을 파악하고, 전문성을 향상시키기 위한 노력을 하며, 향후 진로를 탐색한다.
- 보육실습기관과 지역사회, 부모 간 연계를 경험하고, 어린이집 내 조직 문화 등을 이해한다.

2 보육실습의 의의

보육실습은 짧은 기간 동안 직접 경험을 통하여 보육교사의 역할과 직무를 수행함으로써 보육 기술 훈련뿐 아니라 교사 입장에서 보육 전반에 걸친 내용과 문제점을 파악하고 이해하게 한다. 교사로서의 적성 검증과 개인 진로 탐구의 기회를 통하여 교직에 대한 준비교육이며 교직에 대한 직전 교육이라는 점에 그 의의가 있다.

새로운 보육현장에서의 인간관계 형성 및 영유아지도 및 교사 업무는 신체적 및 정신적으로 압박감이 있으나 최종 성취감도 얻을 수 있다.

첫째, 이론 중심으로 배웠던 지식을 보육현장에 실제 적용해 보면서 실천적 지식을 습득하고, 영유아에 대한 이해를 향상시키는 기회를 갖는다.

둘째, 보육계획이 어떻게 이루어지고, 융통적으로 운영되며, 보육실 내외에서 영유아의 놀이가 어떻게 확장되고, 활동과 자료가 흥미와 발달에 적합하게 운영되는가를 직접 관찰하여 교사의 전문적인 역할과 상호작용법을 배울 수 있는 기회를 갖는다.

셋째, 실습생이 직접 보육활동을 계획하고 실시해 봄으로써 바람직한 일과 운영을 익히고 효과적인 교수학습방법을 이해하는 기회를 갖는다.

넷째, 어린이집 교사의 역할에 대해 현실적으로 이해하고 보육교사로서 자신의 능력과 자질을 평가해 보는 기회를 갖는다.

다섯째, 어린이집 원장, 보육교사 및 부모 등의 다양한 관점과 요구 등을 관찰하고, 지역사회에서 어린이집의 역할과 기능에 대해 생각해 보는 기회를 갖는다.

여섯째, 영유아에게 영향을 미치는 좀 더 넓은 관점인 사회 현상, 보육정책, 부모교육 등과 영유아에 대한 심도 있는 연구 결과들에 관심을 가질 수 있다.

일곱째, 어린이집에서 4주간의 보육실습을 성공적으로 끝냈다는 자신감은 향후 새롭게 시도할 다양한 경험에 대한 도전 정신과 긍정적 태도를 줄 수 있다.

3 보육실습기준

보육실습 후 보육교사 자격증을 소지하기 위해서는 현행 보육실습기준을 따라야 한다. 일반적인 기준으로 '전문대학 또는 이와 같은 수준 이상의 학교에서 보건복지부령으로 정하는 보육 관련 교과목 및 학점을 이수하고 졸업한 사람'은 보육교사 자격증을 취득하게 되는데 이는 보육교사 2급 자격을 말한다((재)한국보육진흥원 2014).

다시 말해서 보육교사 2급 자격의 취득을 위하여 보육 관련 교과목 및 해당 학점을 이수하여야 한다. 현재 보육실습영역에서 3학점 이수과목으로 운영되고 있으며 연속적인 4주 160시간을 실습하도록 하지만 앞으로는 더욱 실무영역을 확대할 예정이다.

1) 보육실습 일반기준

현행법('14.3.1 시행)에 따른 보육실습기관에 대한 기준은 정원 15인 이상의 어린이집 또는 교육과정과 방과 후 과정을 운영하는 유치원만 허용된다. 보육실습 일반기준은 영유아보육법 시행규칙 제12조 제1항에 근거하며 〈표 1-1〉의 내용과 같다. 실습 지도교사는 보육교사 1급 또는 유치원 정교사 1급 자격자로서 실습 지도교사 1명당 보육실습생 3명 이내만 지도할 수 있다.

일반적인 실습기간은 4주 160시간을 연속적으로 하는 것을 원칙으로 하되, 평일 오전 9시부터 오후 7시 사이만 인정한다. 그 외의 시간에 한 실습은 인정하지 않는다. 단, 야간대학 등의 경우에는 실습을 2회에 나누어 실시 가능하다.

〈표 1-1〉 **보육실습 일반기준**

(관련 법령 : 영유아보육법 시행규칙 제12조 제1항 [별표4])

구분	내용	유의사항
실습 기관	· **정원 15인 이상**의 어린이집 또는 교육과정과 방과 후 과정을 운영하는 유치원 등록	· 보육정원 15인 미만인 어린이집에서의 실습 인정 불가
실습 지도교사	· 보육교사 1급 또는 유치원 정교사 1급 자격자, 실습 지도교사 1명당 보육실습생 3명 이내 지도	
실습기간 및 인정시간	· 4주 160시간 원칙, 야간대학 등의 경우에는 2회 분할실습 가능	· 평일 오전 9시부터 오후 7시 사이만 인정
실습 평가	· 보건복지부장관이 정하는 보육실습일지와 실습평가서에 근거하되, 평가점수가 80점 이상인 경우에만 실습 이수 인정	

2) 보육실습 세부기준

현행법('14.3.1 시행)에 따른 '보육실습' 교과목 및 학점 기준은 세부조건을 유의하여야 한다. 현재 시행되는 교과목 및 학점 이수자부터는 3학점(종전 2학점 이상)으로 이수해야 하며 '보육실습' 교과목 이수를 성적증명서를 통해 확인 가능해야 한다.

〈표 1-2〉 보육실습 세부기준을(보건복지부, 2015) 참고하면 보육실습의 경우 명칭과 관계없이 실습기관과 실습기간의 조건을 만족하는 경우에는 교과목으로 인정하나 실습평가점수가 80점(B학점) 이상인 경우에만 실습 학점을 이수한 것으로 인정된다.

보육실습이 2회로 분할 가능한 야간대학, 한국방송통신대학, 원격대학에 한하여 보육실습 I, II로 교과목을 개설할 수 있다. 현행법에 따른 학점 이수 대상자는 2014년부터 보육실습 교과목 3학점으로 변경되어 확인이 필요한 경우이다. 실습기간에 대한 기준은 보육실습 교과목이 개설된 학기 중(전후 방학 포함)에 반드시 실시하도록 한다. 실습시기는 보육과정, 보육학개론, 영아 및 유아발달 등의 보육 필수 과목과 놀이지도, 언어지도, 아동미술, 아동수 · 과학지도 등 영유아지도과목을 비롯한 자격증 취득에 필요한 교과목을 최소 10과목 이상 충분히 수강한 학생이 실습에 임할 수 있도록 지도한다.

현재 보육실습영역에서 3학점 이수과목으로 이론과 보육현장실습으로 운영 강화되어 연속적인 4주 160시간 이상을 원칙으로 하되, 앞으로는 보육실무영역으로 구분되며 6주 240시간으로 확대 변경될 예정이다(보건복지부. 영유아보육법시행규칙 일부개정령 안, 2015).

실습 지도교사에 대한 보육실습 세부기준을 보면 보육교사 1급 또는 유치원 정교사 1급 자격을 소지하였는지 또한 실습 지도교사 1명당 보육실습생 3명 이내로 지도하는지 여부를 반드시 확인해야 한다.

2013년도 이후 영유아보육법 시행규칙 일부개정령에 의하여 보육정책 강화와 보육인력의 전문화를 위하여 보육실습 이수자는 더욱 까다로운 서류 절차를 거쳐야 하는데, '보육실습확인서'는 『어린이집지원시스템』을 통해 입력, 저장된 보육실습생 및 실습 지도교사 정보가 자동으로 연동되므로 입력된 정보가 정확한지 확인한 후 '보육실습확인서'를 출력하여 어린이집 직인 날인 후 양성교육기관으로 송부한다. 이때 첨부서류(어린이집 인가증 사본, 실습 지도교사 자격증 사본)는 제출하지 않는다(단, 교육과정과 방과 후 과정을 운영하는 유치원에서 실습한 경우는 제외, 이하 '유치원'). 출력된 실습확인서는 양성교육기관의 학과장(교육원장) 직인을 받아 자격증 신청 시 제출하여야 한다.

유치원의 경우 '보육실습확인서 원본(2013.3.1 이후 양식)', '실습기관 인가증 사본' 및 '실습 지도교사 자격증 사본', '대학(보육교사교육원) 발행 공문 : 실습기관 발행 공문 첨부 필수' 각 1부를 첨부해야 하며 보육실습확인서의 해당 내용은 보육인력 국가자격증 홈페이지(http://chrd.childcare.go.kr) 관련 서식을 참고하여 확인한다.

〈표 1-2〉 보육실습 세부기준

	영유아보육법 시행규칙 제12조1항 관련 [별표4]	2015 보육사업안내 세부기준	유의사항
교과목	보육실습	·'보육실습' 이라는 교과목으로 이수 원칙. 성적증명서 통한 확인 가능해야 함 ·명칭이 다르더라도 실습기관과 실습기간의 조건 만족경우 교과목 인정	·보육실습은 현장실습과 이론수업으로 구성 ·유사교과목 인정 범위 : 보육현장실습, 교육실습, 학교현장실습
이수 학점	1과목 (3학점)	·3학점 이상 이수, 평가점수 80점(B학점) 이상 취득 시 실습이수 인정	·보육실습 2회 분할 시 현행법 따른 학점 이수 대상자는 2014년부터 보육실습 교과목 3학점 변경 확인 필요
실습 기관	어린이집 및 교육과정과 방과 후 과정을 운영하는 유치원	·정원 15인 이상의 어린이집 또는 교육과정과 방과 후 과정을 운영하는 유치원(교육청에 방과 후 과정 운영 유치원으로 등록)	·보육정원 15인 미만인 어린이집 실습 인정 불가 ·어린이집 외 실습기관은 보육실습확인서 원본(2013.3.1이후 양식), 실습기관 인가증 사본, 실습 지도교사 자격증 사본, 대학 발행 공문 : 실습기관 발행 공문 첨부 필수
실습 기간	4주 160시간 (2016년 변경 예정 확인 필요)	·4주 160시간 실습, 1일 8시간 이수	·연속하여(월요일~금요일까지 오전 9시부터 오후 7시 사이) 4주, 160시간 이상 실습. 1일 8시간 이상(모든 조건 동시충족) ·2회 분할실습 야간대학, 원격대학, 한국방송통신대학에 한함
		·실습교과목이 개설된 학기에 보육실습 실시	·보육실습 교과목이 개설된 학기에 실시하여야 함(전후 방학 포함) ·공휴일이 2일 이상 포함된 경우 해당 기간을 보완할 수 있도록 추가 실습을 이수해야 함
실습 지도 교사	보육교사 1급 또는 유치원 정교사 1급 자격을 가진 사람		·보육교사 1급 승급교육을 이수하였더라도 필히 보육교사 1급 자격 소지 여부 확인 ·유치원 2급 정교사의 실습지도 불인정 ·지도교사의 유치원 원장, 원감 자격증 사본 제출 불인정 ·보육실습확인서에 실습 지도교사 국가자격증번호 기재 요망
보육 실습 확인서		·보육실습확인서를 통해 보육실습 내용의 적절성을 증명(어린이집지원시스템에 보육실습내용 등록 · 제출하여야 함)	·보육실습확인서 출력본에 어린이집원장, 양성교육기관의 학과장(교육원장)직인 유치원 실습의 경우 보육실습확인서 원본(2013.3.1 이후 양식), 실습기관 인가증 사본, 실습 지도교사 자격증 사본, 대학(보육교사교육원) 발행공문 : 실습기관 발행공문 첨부 필수 ·보육실습확인서 양식은 보육인력 국가자격증 홈페이지(http://chrd.childcare.go.kr) 관련 서식 참고

4 보육실습기관의 유형 및 실습효과

영유아교육기관의 일반적 유형은 크게 유치원 · 어린이집으로 구분되며, 유치원과 어린이집의 명칭, 종류, 기능, 관할 행정부처 등도 나라마다 차이가 있는 편이다.

1) 유치원

유치원은 만 3세부터 취학 전 시기까지 유아들의 심신 발달을 조장하기 위하여 '유아교육법'에 근거하여 설치되고 운영되는 교육부 관할의 교육기관이다. 유치원은 운영비를 지원해 주는 후원체에 따라 공립유치원과 사립유치원으로 운영되고 일과 시간의 길이에 따라 반일제와 종일제 프로그램이 진행되고 있다.

- 국립유치원 : 국가가 설립 경영하는 유치원
- 공립유치원 : 지방자치단체가 설립 경영하는 유치원(설립 주체에 따라 시립 및 도립으로 구분할 수 있다)
- 사립유치원 : 법인 또는 사인이 설립 경영하는 유치원

2) 어린이집

어린이집은 보호자가 근로 또는 질병, 기타 사정으로 영유아를 보호하기 어려운 경우에 보호자의 위탁을 받아 영유아를 보호 교육하는 기관이며, 현재 '영유아보육법'에 근거를 두고 보건복지부에서 관할하고 있다. 어린이집은 위탁체에 따라 국공립 기관과 민간 기관으로 운영되고 있으며 인가정원의 숫자에 따라, 즉 원아 수에 따라 21인 이상 기관과 21인 미만 기관으로 구분되고 있다.

보육사업안내에서는 어린이집을 운영주체에 따라 6개의 유형으로 분류하여 설명하고 있다(영유아보육법 제10조).

- 국가나 지방자치단체가 설치운영하거나 위탁 운영하는 국공립어린이집
- 사회복지법에 의한 사회복지법인이 설치 운영하는 기관인 법인어린이집
- 사업주가 사업장의 근로자를 위하여 설치 운영하는 직장어린이집
- 개인이 가정이나 그에 준하는 곳에 설치 운영하는 가정어린이집
- 보호자들이 조합을 결성하여 설치 운영하는 부모협동어린이집
- 위에 포함되지 않는 어린이집인 민간어린이집

(1) 국공립어린이집

국가나 지방자치단체가 인가절차 없이 직접 설립하되, 어린이집 수급계획 등을 포함한 보육계획을 사전에 수립하여야 한다. 국공립어린이집은 저소득층 밀집 지역, 농어촌 지역 등 취약지역에 우선적으로 설치되어야 한다.

(2) 법인어린이집

사회복지법에 의한 사회복지법인이 설립하여 운영하는 기관과 개인단체가 설립하여 운영하는 비영리기관이다. 배치기준은 지역 보육수요와 어린이집의 공급현황 등을 감안하여 지역별로 균형 있게 배치되도록 한다.

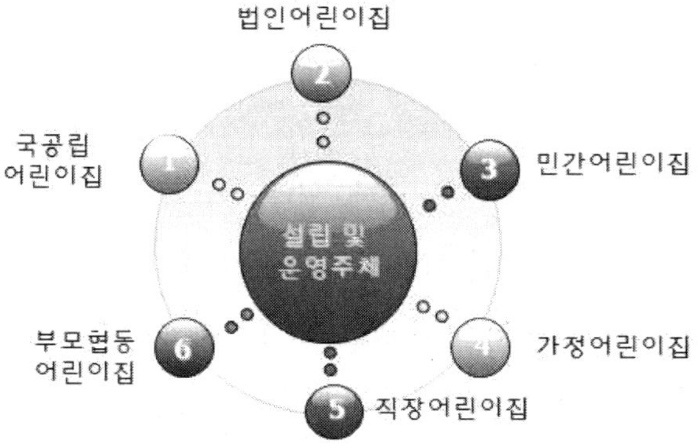

출처 : 학지사

[그림 1-1] 운영주체별 어린이집 유형

(3) 민간어린이집

사회복지법인이 아닌 비영리법인, 비영리단체 또는 개인이 설치 · 운영하는 기관으로서 직장어린이집, 가정어린이집 또는 부모협동어린이집이 아닌 기관이며, 개인이 설치 운영하는 21인 이상의 어린이집이다.

(4) 가정어린이집

가정어린이집은 영유아가 보육자의 집으로 가서 보육을 받는 기관으로, 개인적으로 또는 소수의 영유아를 보육하는 시설이다.

가정이라는 환경에서 소규모로 이루어지기 때문에 집단상황에 적응이 어려운 3세 이하의 유아에게 바람직한 형태로 간주한다.

(5) 직장어린이집

기혼 취업여성의 자녀양육과 관련하여 사업주가 보육서비스를 시행하는 제도이다.

일반적으로 직장 내 또는 그에 준하는 인근지역이나 사업자의 근로자 밀집지역에 설치되는데, 상시 영유아 5인 이상을 보육할 수 있고 상시 여성근로자 300인 이상 또는 근로자 500인 이상을 고용하고 있는 사업장의 어린이집이다. 취업모의 자녀양육을 지원하고 기업의 생산성 향상과 이미지 홍보에 긍정적 영향을 준다.

(6) 부모협동어린이집

부모들이 보육 프로그램의 계획 및 운영, 보육교사의 채용, 보육비 책정, 보육자문위원회 구성, 자원봉사 등의 다양한 활동을 담당한다.

영유아를 둔 보호자 15인 이상이 상호 출자하여 공동으로 어린이집을 설치 · 운영할 것을 약정함으로써 그 효력이 발생한다.

3) 보육실습의 효과

보육실습은 영유아와의 안정적인 애착 형성을 통하여 긍정적인 교사로서의 자세와 교육관과 소명감을 추구할 수 있으나 다양한 보육교직원들과의 상호관계 속에서의 개인적 갈등, 교사직에 대한 불안과 스트레스, 개인적 교수태도 등으로 인한 부정적 태도가 발견되어 새로운 진로 탐구의 기회가 되기도 한다.

(1) 보육실습의 긍정적 효과

- 영유아기에 대한 이해
- 수용적이고 비편견적인 태도
- 개인차 인정
- 교수에 대한 준비와 신중함
- 영유아를 바르게 파악하고 이해하는 능력
- 교수의 목적과 목표를 이해하는 능력과 교수방법의 정교화
- 학습동기의 유발능력
- 문제를 가진 영유아를 수용하고 문제해결력을 활용하려는 태도
- 영유아중심의 교수방법으로 접근하려는 태도
- 민주적이고 합리적으로 학급운영을 하려는 태도

(2) 보육실습의 부정적 효과

- 보육교사직에 대한 갈등과 영유아에 대한 개인 관점의 변화
- 권위적이고 지시 관료적인 태도
- 바람직하지 않은 교수방법 고수하려는 태도
- 집단적이고 획일적인 활동 선호하는 태도
- 지시적이고 강화나 피드백 방법을 축소하려는 태도
- 현실상황에 안주하고 보다 안일한 태도
- 보육실습 기간 동안의 경험보다 더욱 발전하려는 의지 축소

02 보육실습의 단계 및 준비

1. 보육실습 전체 계획
2. 보육실습단계
3. 보육실습관계자의 역할

1 보육실습 전체 계획

보육실습은 정해진 기간 동안 어린이집에 보육교직원과 같이 출퇴근하면서 실습 지도교사의 지도 아래 보육교사로서 직무 수행을 전체적으로 경험해 보는 정규실습과정이다.

현행법상 연속적으로 4주간 160시간 이상을 어린이집 또는 교육과정과 방과 후 과정을 운영하는 유치원 보육현장에서 실습하며 평가받는다. 최근 보육교사의 인성과 자질을 향상시켜야 한다는 사회적인 요구와 증가되는 교육 수요를 반영하여 보육실습의 중요성이 부각되어 앞으로는 더욱 보육실무 능력을 확산하기 위하여 실습기간을 확산하려는 변화도 예고되고 있다.

보육실습은 전체적으로 실습준비기간, 정규실습기간, 추후 실습기간으로 나누어진다(이광희, 2011; 이선경 & 이은정, 2008; 문혁준 외 3인, 2008). 그 중 실습기간은 보육실습에서 가장 중요하고 핵심이 되는 기간으로, 예비교사가 보육현장에서 직접 아동들과 접촉하면서 실제 경험을 쌓는 과정이다.

우선 실습을 준비하기 위하여 사전방문을 하는데 실습기관 선정 후 정규 실습이 시작되기 전에 어린이집을 방문하여 원장님과 실습지도 선생님에게 인사를 드리는 것으로, 어린이집에 대한 자료수집과 관찰을 경험한다.

보육실습의 법적 기준을 보면 보육정원 15인 이상의 법적으로 인가받은 어린이집 또는 종일제 유치원(교육청에 종일제 유치원으로 등록되어야 함)에서 해야 한다(한국보육진흥원, 2015). 따라서 보육실습을 나가기 위해서는 일련의 행정적 절차에 따라 계획을 세우고 실행해야 한다.

지도교수와 대학 양성교육기관은 실습협력기관을 선정해서 협력 요청 및 수락을 받아야 하고, 예비교사를 배정하여 공고하며 각 협력기관에 이를 통지한 후에 예비교사를 직접 파견하여 일정기간 실습을 의뢰하게 된다. 실습을 의뢰받은 기관에서는 예비교사를 지도할 교사를 배정하고 실습계획에 따라 실습을 수행하고, 대학 제출용 실습결과보고서를 작성하여야 한다.

대학에서는 소속 교수들이 실습기관 순회 지도를 나가며 원장과 지도교사, 예비교사를 면담하고, 현장에서의 실습상황을 점검한다. 실습생인 예비교사는 실습일지를 기록하여 실습기관의 검사를 받은 후 대학에 제출한다.

1) 기관 배정신청

실습 신청하는 학생들 중 특별한 사유로 특정 시설에서의 실습을 원하는 학생들은 개인적으로 실습 가능 여부를 확인하고, 실습 요청이 가능하다면 그 기관에 배정해 줄 것을 실습기관 배정신청서를 작성하여 학과에 제출한다.

2) 실습협력기관 요청 및 수락

대학은 실습 학기가 되면 부속 어린이집, 일반어린이집, 유치원 등의 실습협력기관을 선정하고 연고지인 실습기관까지 포함하여 실습협력을 공식적으로 요청한다. 이 요청을 받은 어린이집은 형편을 고려하여 실습 가능 여부를 알리고, 수락할 경우에는 대학에 공식적으로 회신을 보낸다.

3) 실습시기 및 방법 결정

대학에서 실습시기를 정할 때는 학교의 교육과정, 보육기관, 현장의 상황, 실습생의 요구 등 여러 가지 요인을 고려하여 결정한다. 대학에서는 실습과 관련된 교과목을 충분히 지도한 후 그 상황에 맞게 시기를 협의하여야 한다.

실습이수 시기는 '보육실습' 교과목이 개설된 학기(계절학기 포함, 전후 방학 포함)에 해야 한다. 많은 실습생이 한꺼번에 실습을 해야 하는 경우가 생길 수 있는데 한 지역 내의 많은 대학에서 같은 시기에 실습생을 실습기관에 보낼 수도 있기 때문에 실습시기를 조정하는 협의가 있어야 한다.

가능한 한 일상적인 보육이 이루어지는 3~6월, 9~11월이 바람직하지만 대체적으로 방학기간을 택하여 연속으로 월요일~금요일까지 실시한다. 1일 8시간 동안 하는 것이 원칙인데 유념할 점은 특정 요일이나 주말실습 그리고 주

1회 보육실습 등은 160시간 이상이라도 이수한 것으로 인정되지 않는다. 단, 야간대학(교), 한국방송통신대학교, 원격대학(교), 한국방송통신대학의 경우에 한해 2회로 나누어 실시할 수 있다.

보육실습을 위하여 대학에서 준비해야 하는 사항은 다음과 같다(한국보육진흥원, 2015).

- 보육실습에 관한 연간계획서를 작성한다.
- 보육실습 관련 안내서와 자료를 작성하고 배부한다.
- 실습생들의 실태를 파악하고 자료를 수집한다.
- 실습생에 대한 사전지도, 기간 중 지도, 사후지도 내용을 검토한다.
- 실습기관을 선정하고 위촉한다.
- 실습기관의 원장 및 지도교사와 실습에 대한 사전협의를 한다.
- 실습생에게 사전지도를 한다.

4) 실습보육기관 선정

효과적인 실습을 위해서 실습보육기관의 선정은 매우 중요한데, 그 지역 내 실습보육기관의 교육방침, 운영상황, 환경, 교직원, 지도교사의 경력과 자질 등의 정보를 잘 파악하여 고려해야 한다. 일반적으로 대학에서는 다음과 같은 점을 유의하며 실습협력기관을 선정하여야 한다.

- 보육실습기관의 평가인증 여부, 보육정원
- 보육실습 지도교사의 자격소지 여부
- 보육실습기관의 주소 파악 및 실습학생의 집과의 거리

어린이집에 실습생을 의뢰하는 시기는 실습을 앞두고 충분한 시간적 여유를 두고 준비해야 한다. 실습 희망 학생들은 보육실습신청서를 제출할 때 자신의 거주지역과 희망하는 보육 기관의 유형 등을 고려하여 실습지로 결정하는데 실습생의 주소와 기관과의 거리가 주로 실습의 효율성을 좌우한다.

보육실습이 성공적으로 되기 위해서 기관 선정기준은 다음과 같다(한국보육진흥원, 2015).

- 실습기관의 위치, 거리, 교통
- 실습기관의 규모
- 실습기관의 철학 및 보육 프로그램
- 지도교사의 경력 및 실습지도 경험
- 실습생 지도 의지

5) 배정조정 및 서류준비

실습기관에 예비교사를 배정할 때 한곳에 집중되지 않게 적절히 인원을 조정한다. 일반적으로 어린이집은 비교적 소규모이므로 한 실습기관에 같은 출신의 예비교사가 두세 명이 넘지 않도록 배정하는 것이 통례이며 한곳에 여러 명이 배정되면 학생들 간에 다양한 실습 경험을 나누는 기회가 부족해지므로 두세 명 정도가 적당하다. 그리고 개인적 특성에 따라 상호보완적 역할을 할 수 있는 사람끼리 함께 배정하면 서로에게 도움이 된다. 대학 및 보육교사교육원은 실습 전 다음의 서류를 준비한다(〈표 2-1〉, 〈표 2-2〉 참조) : 보육실습 신청서, 보육실습 협조공문, 보육실습 동의서, 보육실습생 신상카드, 보육실습생 서약서, 보육실습생 상해보험(권장사항) 등이다.

〈표 2-1〉 보육실습 신청서 예시

보육실습 신청서

학 생 정 보			
성　　명		학과/ 학번	/
보육실습 기간	년　월　일 ~ 년　월　일(연속 4주 160시간 이상)		
주　　소	우편번호)		
개인 연락처		집/ (직장)	집 : 직장 :
이메일			

보육실습 기관정보			
보육실습 기관명	(정원 :　명)	어린이집 (유치원)원장	
보육실습 기관유형	① 국공립보육 (　) ② 법인보육 (　) ③ 직장보육 (　) ④ 가정보육 (　) ⑤ 부모협동 (　) ⑥ 민간보육 (　) ⑦ 종일제 유치원 (　)		
평가인증 여부	① 예 (　)　② 아니요 (　)		
기관주소	우편번호)		
전화번호		Fax	
보육실습 지도교사	이름 :		보육교사 1급 (　) 유치원정교사 1급 (　) ※ 해당 자격에 'O' 표 하세요.

〈표 2-2〉 **보육실습 협조공문 예시**

000 대학교 00학과(00보육교사교육원)

수신자 000 어린이집(유치원)원장 (보육실습 지도 담당자)
(경유)
제 목 보육실습생 의뢰의 건

---

1. 귀 기관의 무궁한 발전을 기원합니다.

2. 000대학 000학과 학생들이 귀 기관에서 보육실습을 희망하고 있습니다.
이에 보육실습생을 의뢰하오니 보육실습에 대한 협조를 부탁드립니다.
가. 보육실습 기간 : 20 년 00월 00일 ~ 20 년 00월 00일까지(160시간 이상)
나. 보육실습생 : 보육실습생 명단 참조

3. 보육실습생 명단

연번	성명	학번	주소	연락처	비고
1					

4. 보육실습 의뢰확인서 등 회신 협조
가. 보육실습 동의서(직인 또는 서명 요망), 실습기관 인가증 사본, 보육실습 지도를 담당할 교사의 보육교사 1급자격증 사본을 20 . 0. 0. (요일)까지 회신 부탁드립니다.

별첨 : 보육실습 동의서 1부. 끝.

000 대학교 000학과장(00보육교사교육원장) 직인생략

기안자 000 학과장 000(보육교사교육원장 000)
협조자
시행 보육 – (20 . 00. 00) 접수 – (. .)
우 000-000 00시 00구 00동 00번지 000대학교 / www.000.ac
전화 (00)000-0000 전송 (00)000-0000 / 00000@.oo.oo/ 공 개

〈표 2-3〉 보육실습 동의서 예시

보육실습 동의서

<table>
<tr><th colspan="6">학 생 정 보</th></tr>
<tr><td>성 명</td><td></td><td>학과</td><td></td><td>학번</td><td></td></tr>
<tr><td>보육실습 기간</td><td colspan="5">20 년 월 일 ~ 20 년 월 일
(연속 4주 160시간 이상)</td></tr>
<tr><td>주 소</td><td colspan="5">우편번호)</td></tr>
<tr><td>개인 연락처</td><td colspan="2"></td><td>이메일</td><td colspan="2"></td></tr>
<tr><th colspan="6">보육실습 기관정보</th></tr>
<tr><td>보육실습 기관명</td><td colspan="2">(정원 : 명)</td><td>어린이집 (유치원)원장</td><td colspan="2"></td></tr>
<tr><td>기관주소</td><td colspan="5">우편번호)</td></tr>
<tr><td>전화번호</td><td colspan="2"></td><td>팩스</td><td colspan="2"></td></tr>
<tr><td>보육실습 지도교사</td><td colspan="5"></td></tr>
</table>

위 학생이 본 기관에서 보육실습 하는 것에 동의합니다.

20 년 월 일

보육실습 기관 : (서명 또는 인)

〈표 2-4〉 **보육실습생 신상카드 예시**

<table>
<tr><th colspan="6">보육실습생 신상카드</th></tr>
<tr><td rowspan="2">성 명</td><td>한 글</td><td colspan="3">(남, 여)</td><td rowspan="4">(사 진)</td></tr>
<tr><td>한 자</td><td colspan="3"></td></tr>
<tr><td>주민등록번호</td><td colspan="4"></td></tr>
<tr><td>소속 대학(교)
(보육교사교육원)</td><td colspan="4"></td></tr>
<tr><td>집 주 소</td><td colspan="5"></td></tr>
<tr><td rowspan="3">학 력</td><td colspan="5"></td></tr>
<tr><td colspan="5"></td></tr>
<tr><td colspan="5"></td></tr>
<tr><td rowspan="7">가 족 사 항</td><td>성 명</td><td>연 령</td><td>관계</td><td>주 소</td><td>비고</td></tr>
<tr><td></td><td></td><td></td><td></td><td></td></tr>
<tr><td></td><td></td><td></td><td></td><td></td></tr>
<tr><td></td><td></td><td></td><td></td><td></td></tr>
<tr><td></td><td></td><td></td><td></td><td></td></tr>
<tr><td></td><td></td><td></td><td></td><td></td></tr>
<tr><td></td><td></td><td></td><td></td><td></td></tr>
<tr><td>보육 관련
이수 교과목</td><td colspan="5"></td></tr>
<tr><td>취 미</td><td colspan="2"></td><td>특 기</td><td colspan="2"></td></tr>
<tr><td colspan="3">보육 관련 경험
(예 : 캠프교사, 종교기관 내 유치부 활동 등)</td><td colspan="3"></td></tr>
<tr><td colspan="6">위의 사항이 틀림없음을 확인합니다.

년 월 일

본인 서명 (인)

어린이집(유치원)원장 귀 하</td></tr>
</table>

〈표 2-5〉 보육실습생 서약서 예시

실습생 서약서

대학교 학과 학년

상기 본인은 귀 어린이집의 실습생으로서
보육실습의 목적과 중요성을 충분히 이해하고
어린이집의 제반 규정을 성실히 준수하여
보육능력 향상에 최선을 다할 것을 서약합니다.

년 월 일

실습생: (인)

어 린 이 집(유치원) 원장 귀 하

6) 배정명단 통지

예비교사 배정계획을 완료하면 실습자명, 실습기간, 연락처 등을 명기하여 학과장의 명의로 해당 실습기관에 실습 의뢰서를 보내 승인을 받는다. 그 후 실습에 필요한 모든 서류를 준비하여 공문을 보낸다. 공문과 각종 서류는 최소한 실습생이 예비방문하기 1주일 전에 도착해야 한다. 준비할 서류들은 보육실습 협조공문, 보육실습지도비 영수증(실습지도비×학생수), 보육실습생 평가서, 보육실습결과보고서, 보육실습지도계획이다.

대학에서는 실습생의 사전지도(오리엔테이션)를 통해 실습의 목적, 내용, 실습일지 작성 및 실습방법을 설명하여야 한다. 특히 실습생의 역할 및 과제, 자세와 태도를 강조하여야 사전방문과 준비를 철저히 하여 보육실습을 성공적으로 이끌 수 있다. 이와 같이 사전지도를 통해 실습생들이 간과하기 쉬운 점이나 지켜야 할 사항들을 다시 한 번 강조하면 실습생들이 가질 수 있는 심리적인 불안을 감소시킬 수 있다.

7) 예비교사 파견

예비교사는 본 실습 이전에 실습배정을 받은 기관을 방문하여 실습 시에 미리 준비해야 할 사항들을 문의한다. 실습기간 중 실시될 연간 · 월간 · 주간 교육계획안, 근무 규칙 등 사전 참고자료를 요청할 수 있다. 예정된 실습기간이 되면 실습기관으로 출근하게 된다.

실습에 대한 불안을 떨치고 빠른 적응을 위하여 미리 정규실습 전에 관찰(참관)의 목적으로 사전실습을 수행할 수 있으며, 이는 따로 1~2주간의 사전실습을 계획하여야 하며 실습기관의 형편에 따라 사전실습의 여부가 결정된다. 사전실습기관과 동일한 실습지에서 정규실습을 하는 것이 실습생에게 친숙하며 정규실습에 대하여 적응도 빠르다.

8) 지도교사 배정

실습협력기관에서는 예비교사가 출근하면 그 예비교사를 실습기간 동안 지속적으로 전담하고 지도해 줄 지도교사를 배정해 준다. 지도교사는 일반적으로 유능한 경력교사를 배정한다.

실습 지도교사는 보육교사 1급 또는 유치원정교사 1급 자격을 가진 자가 지도해야 한다(한국보육진흥원, 2015).

최근 한국보육진흥원은 국가적 차원의 보육 질 관리를 위하고 보육교사 양성지도를 위하여 보육실습을 계획하고 준비할 사항으로 교수 및 양성기관과 실습생을 위하여 내용과 구비서류와 준비물을 다음과 같이 안내하고 있다(2013).

〈표 2-6〉 보육실습 계획 시 준비사항(한국보육진흥원, 2013)

구분	교수 및 양성교육기관	실습생
내용	· 보육실습생 상해보험 가입(권장사항) · 양성교육기관의 실습사전교육 실시 · 보육실습비 지급 · 보육실습생 건강진단결과서 발급 지도	· 실습기관 사전방문 및 사전교육 · 서류작성 및 실습기관에 서류 전달 - 보육실습생 신상카드 - 보육실습생 서약서 - 보육실습생 자기소개서(필요시) - 보육실습비 영수증 양식 - 보육실습확인서 양식 - 보육실습평가서 양식 - 보건소의 전염성 질환에 대한 건강진단 결과서(구 보건증)
서류 및 준비물	· 보육실습 신청서 · 보육실습 협조공문 · 보육실습 동의서 · 보육실습생 신상카드 · 보육실습생 자기소개서(필요시) · 보육실습생 서약서 · 보육실습확인서 * · 보육실습평가서 · 보육실습비 영수증 · 보육실습일지 제작	· 이름표(양성교육기관명, 보육실습생이름) · 실내화 또는 덧신(필요시) · 실외놀이용 신발(필요시) · 여벌옷(필요시) · 보육실습일지 및 필기도구

2 보육실습단계

1) 정규실습

(1) 사전방문

사전방문이란 정규실습이 시작되기 직전에 실습할 기관을 방문하여 현장의 정황을 파악하고 실습에 필요한 자료를 수집하며 필요한 준비물을 사전에 준비하는 기간이다. 사전방문 인사를 할 때는 미리 전화로 방문 의사를 밝히고 허락을 받은 후 실습 3~4일 전에 방문하도록 일시를 약속받는다.

보육실습생은 기관의 보육철학, 프로그램 운영 방침, 기관의 현황, 실습할 학급의 특성, 실습기간 동안 기관의 행사 일정뿐 아니라 실습생 준비물, 실습생으로서의 역할과 자세, 윤리 규정에 대하여 파악하도록 한다. 실습기관의 영유아 사진이나 이름, 보육실습기관명 등을 실습생의 개인 홈페이지, SNS, 트위터 등에 올리지 않는다.

기본적인 준비물은 다음과 같으며 그 외 준비물은 기관의 규정에 따르도록 한다(한국보육진흥원, 2010). 양성교육기관은 실습 나가기 최소 1주전에 학생들에게 알려서 보건소의 전염성 질환(간염, 결핵, 장티푸스, 성병 등)에 대한 건강진단 결과를 소지할 수 있도록 한다.

- 보건소의 전염성질환에 대한 건강진단결과서(구 보건증)
- 보육실습생 신상카드 및 보육실습생 서약서
- 이름표
- 보육실습비
- 보육실습일지 및 필기도구
- 앞치마, 실내화 또는 덧신, 실외놀이용 신발, 여벌옷(필요시)

근무시간은 실습기관의 출근 · 퇴근 시간 규정을 따르며 무단결근, 지각, 외출 및 조퇴를 금한다. 부득이한 경우는 결근 허락을 받은 후 결근 일수만큼 다른 날짜에 보육실습을 하여 보육실습 일수를 맞추도록 하여야 한다. 따라서 출근부 작성과 날인은 매우 중요하며 퇴근 시 지도교사와 원장에게 허락을 받고 퇴근할 수 있다.

복장과 용모는 청결하고 단정해야 하며 안전과 위생을 위해 긴 머리는 단정히 묶는다. 또한 실내에서는 실내화나 양말을 꼭 신도록 하며 실외에서 굽 높은 신발을 착용하지 말아야 한다. 특히 영유아를 안을 때 이름표가 문제되지 않도록 보육활동 중에는 조심하거나 영아반의 경우 착용하지 않도록 한다.

(2) 실습생의 역할

보육실습생은 다음의 사항들을 준수하여 실습을 무사히 끝낼 수 있도록 노력하여야 한다.

- 실습생은 실습 어린이집 규정에 따라 생활한다.
- 실습생은 언행, 태도, 복장 등 모범이 될 수 있도록 한다.
- 실습생은 정시에 출근하고 출근부에 날인한다.
- 실습생은 결근, 조퇴를 금하며 부득이한 경우 실습 어린이집 원장 및 지도교사의 허락을 받는다.
- 실습생은 근무시간 중 외출을 금한다.
- 실습생은 영유아 또는 학부모와 원 외에서 사사로이 만나서는 안 된다.
- 실습생은 실습기간 중 실습에만 전념하도록 한다.
- 실습생은 단독으로 영유아를 처벌하거나 상을 주지 않는다.
- 실습생은 어린이집의 정상적인 교육활동을 방해해서는 안 된다.
- 실습일지는 매일 기록하며 지도교사에게 제출 후 되돌려 받는다.
- 실습 어린이집의 교육목적과 교육방침을 이해하고 적극적으로 협력하여야 한다. 실습기관에서의 흡연이나 보육실 내 휴대폰 사용을 금하며, 커피 및 음료는 보육실 이외의 정해진 장소에서 음용한다.
- 실습이 끝나면 실습일지와 과제물을 지체 없이 학과에 제출한다.
- 실습생은 어린이집 발전과 영유아교육에 헌신해야 한다.
- 실습생은 최선을 다하고 교사품위를 손상하지 말아야 한다.

• 모든 서류는 기일 엄수하여 제출하여야 한다.

(3) 정규실습

• 사전관찰단계

정규실습에 들어가면 먼저 사전실습의 관점으로 관찰단계부터 시작된다. 예비교사는 업무일정, 보육일정, 실습기관의 배치, 구성원 파악, 아동 행동관찰 등 시설 전체에 관한 안내를 받게 되고 직접 개입보다는 참관자로서 역할을 수행한다.

보통은 첫 일주일을 전 실습기간의 관찰(참관)단계로 정해 주지만 기관의 형편과 지도 방침에 따라 많은 차이가 있다. 어떤 곳은 관찰단계의 특별한 기간 설정 없이 곧바로 관찰 및 참여단계로 들어가는 수도 있다. 예비교사들은 어떤 경우라도 그 기관의 형편을 빠르게 이해하고 적응하여야 한다. 이 첫 일주일 동안에 예비교사는 자기반 아동들의 이름과 특성을 파악하는 데 주력하는 것이 좋다.

예비교사들은 첫 일주일 동안의 관찰단계를 매우 긴장되고 어색해하며 긴 시간이라고 공통적으로 느끼는 경향이 있다. 관찰의 주된 내용은 연령에 따른 환경구성의 특성, 하루일과의 진행, 영유아 발달특성, 담임교사의 역할 및 영유아와의 상호작용을 포함한다. 보조교사 역할 수행과 보육실습일지 작성, 매일의 자기평가, 보육활동계획안 작성, 보육실 정리정돈 등에 대한 지도와 조언을 받는 것이 필요하다.

• 보육활동 참여단계

초기 며칠 또는 일주일 정도의 관찰단계가 끝나면 직접 보육활동에 개입하여 특정한 역할을 수행하는 참여단계가 시작된다. 이때는 참관자로서의 입장이 아니라 실행하는 주체로서 적극적이고 능동적으로 보육활동 전반에 걸쳐 다양한 활동을 전개하는 단계이다(문혁준, 백혜리, 김정희, 김민희, 2008).

예를 들면 등·하원 자유놀이, 이야기 나누기, 작업, 간식, 급식, 바깥놀이(산책), 화장실 다녀오기, 낮잠, 특별활동, 청소 등에서 부분지도 또는 전담지도의 역할을 수행하게 된다. 보육활동에 대한 보육실습은 하루일과 중의 특정 시간이나 특정 활동 담당에서 시작하여 반나절 또는 등원에서 귀가까지 하루 일과를 보육실습생이 책임지고 수행하는 방식으로 진행된다.

일부 어린이집에서는 이 시기에 부분수업 실습이 시작되기도 한다. 이 시기의 예비교사는 초기 관찰단계와는 달리 익숙하게 실습생활에 적응하고 활동적이고 흥미롭게 실습에 참여하며 자신감을 키울 수 있다.

- **실제수업단계**

이 시기는 실습의 말기 또는 3~4주에 해당하며 아동들과 친밀한 관계를 형성하고 실습기관의 사정에도 두루 밝아지며 업무도 익숙해져서 주도적으로 종일수업을 할 수 있는 역량이 생기는 때이다. 부분수업과 더불어 종일수업을 각각 1회 이상 하고 수업에 대한 평가를 받게 된다.

예비교사가 실습협력기관에 나가서 실습을 하는 동안 대학의 교수들은 그 기관을 방문하여 학생을 격려하며 현장의 요구사항과 진행과정을 점검하여 실습이 원활히 진행되도록 지원한다.

- **실습평가단계**

① 결과보고서 회수 : 결과보고서는 두 가지가 있는데 하나는 실습기관에서 실습 나온 예비교사들의 실습상황들을 기록한 결과보고서로 인비로 처리하여 대학에 직접 접수하는데 예비교사들의 자기평가 결과보고서는 실습 종료 후에 대학에 제출한다.

② 실습일지 회수 : 실습일지는 예비교사가 매일 기록하여 협력기관에서 검사를 받은 후에 실습종료 후 대학에 제출한다. 일반적으로 대학은 실습일지를 회수하여 실습상황을 점검하고 이를 실습점수에 반영하거나 또는 실습 관련 자료로 활용하는 절차를 거친 후에 본인에게 반환한다.

③ 실습평가회 : 실습이 종료되면 여러 실습협력기관의 원장 및 지도교사를 초청하여 실습평가회를 개최한다. 실습협력기관으로부터 실습 관련 조언을 듣기도 하고 실습을 다녀온 예비교사들이 경험담을 발표하며 바람직한 실습이 되도록 토의한다.

2) 추후실습

추후실습은 정규실습의 보충 심화적인 역할을 한다. 정규실습이 종료된 후에도 실습한 기관을 방문하거나 지속적인 관계를 유지하면서 정규실습기간 동안 부족한 내용을 다시 경험할 수 있으며 보조교사 혹은 자원봉사자로서 적절한 역할을 수행하며 교사로서의 자질을 더욱 성숙시켜 가는 과정이다. 아직 대학과 실습기관 간의 사전협의, 예비교사의 의욕 여부 등으로 인하여 모든 대학에서 추후실습까지 시행하지는 못한 실정이다. 추후실습을 하는 경우 비정기적으로 일하며 중요한 행사도우미 역할을 하기도 하고, 일정한 역할을 담당하여 다음과 같은 내용을 구성하는 것이 바람직하다(이광희, 2011; 서혜성 외 2인, 2012).

- 정규실습에서 부족한 활동계획 및 실무 경험을 쌓는다.
- 보육과정에 직접 참여하고 일과 계획, 실행의 기회를 얻는다.
- 의사결정 및 문제해결능력을 향상시킨다.
- 자기평가의 기회로 활용한다.

추후실습은 보육교사로 취업하는 것에 대한 본인의 적성을 확고하게 할 뿐 아니라 졸업 후 정규교사 취업으로 연결되는 경우가 많으므로 예비 보육교사들은 적극적으로 참가하는 것이 바람직하다.

3 보육실습관계자의 역할

1) 지도교수 역할

지도교수는 실습의 계획단계부터 사전지도, 운영, 실습기관 방문지도, 평가, 사후관리까지 총체적으로 책임을 지며 실습을 지도한다. 특히 실습기관 방문을 통해 지도교사에게 실습생에 대한 정보를 제공하고, 지도교사는 실습생의 실습상황을 지도교수에게 알려주어 서로 협력할 수 있다.

또한 실습생의 실습현황과 지도교사와의 갈등 등을 관찰하여 실습이 잘 진행될 수 있도록 조정하고 돕는 역할을 한다. 이러한 사항은 실습 이후 전개되는 종합평가와 추후지도에 유용한 자료가 된다.

실습기관을 방문지도할 때 고려해야 할 사항들은 다음과 같다(이선경 & 이은정, 2008).

- 방문일정을 계획하고 사전에 실습기관에 연락하여 약속 날짜를 정한다.
- 실습지를 방문했을 때 실습생의 실습활동을 관찰한다.
- 실습지를 방문했을 때 실습생의 어려움과 불편한 점을 듣는다.
- 지도교사에게 실습생의 실습현황과 지도상의 문제를 듣는다.
- 실습기관의 협조 정도와 어린이집의 환경 등을 고려하여 평가한 뒤 적절한 수준의 기관일 경우 내년에도 실습을 할 수 있도록 협조를 요청한다.

2) 실습기관 원장의 역할

실습기관의 원장은 영유아들의 인격 존중뿐 아니라 교직원에 대하여 열린 생각과 수용적인 분위기를 만들어 주는 리더십을 지녀야 한다. 실습기관 의뢰를 수락한 후 보육실습의 전반적인 계획을 수립하여 실습생의 특징을 잘 파악하고 거기에는 알맞은 지도교사를 선정해 주는 것이다. 그리고 계속 실습생을 관찰하면서 전체적인 평가를 해주어야 한다.

3) 실습 지도교사의 역할

실습 지도교사는 실습생의 모델이며 실습을 잘 진행할 수 있도록 계획을 세우고, 실습생을 관찰하고, 지도하고, 도움을 주고, 평가하는 역할을 담당한다. 지도교사가 어떤 교육철학을 가지고 있는지, 교수방법이나 기술, 태도가 바람직한지에 따라서 실습생의 경험이 달라진다(문혁준, 백혜리, 김정희, 김민희, 2008).

따라서 지도교사는 전문가로서의 확고한 지위를 가져야 하며 보육이론과 실제를 연결할 수 있는 능력과 더불어 교직에 대한 전문지식을 가지고 있어야 한다. 지도교사는 평소처럼 담당하는 반에 대해서도 책임을 지는 동시에 실습생의 보육실습도 책임을 지기 때문에 훨씬 바쁘고 스트레스를 받게 될 수 있다.

실습 지도교사의 단계별 역할은 다음과 같다.

실습계획 시〉

- 대학 교사양성목표, 실습보육여건, 지도교수와 지도교사 상호 간 실습내용과 과정 협의

실습지도 시〉

- 교사역할 시범
- 활동계획안, 교육지도안 검토 및 수정
- 일과진행 시 적절한 도움

실습결과 평가 시〉

- 실습진행 동안 예비교사 행동 태도 및 실습 과제물 평가

실습 지도교사는 계획과 과정 그리고 평가에 이르기까지 보육의 질을 높이기 위해서 후배 전문보육교사 양성을 담당한다는 점에서 자부심과 책임감을 가지고 지도하게 된다. 실습 지도교사의 세부역할은 다음과 같이 인식하도록 한다.

- 실습에 대한 오리엔테이션을 한다.
  구체적인 실습지침(기관 현황, 근무자세, 일정, 일과운영, 일상적인 실습생 역할 등)을 제공한다.
- 실습안내자로서 배려한다.
  실습생의 배경을 파악하고 따뜻하게 편안한 마음으로 맞이하며 교사로서 갖추어야 할 능력, 태도, 대인관계 기술 등의 시범을 보인다. 실습생에게 필요한 실습 수행에 대한 자신감, 수업준비를 위한 보육과정에 대해 충분히 이해시켜 실습에 어려움이 없도록 한다.

- 교수-학습 모델로서 지원한다.
  실습생이 작성한 활동계획안을 검토 수정하며 필요한 제안을 해준다. 수업자료 정보를 주고 바람직한 수업모델과 피드백을 제공하여 실습생과 영유아 상호 간 효과적인 교수활동을 지원한다.
- 전문성 향상 지원자로서 역할을 한다.
  실습생이 주교사가 되어 일과를 진행할 때에 보조역할을 통하여 적절한 도움을 주고 규칙적인 정보와 피드백을 제공한다. 실습의 과정 및 내용, 기대되는 실습생의 역할 및 과제에 대한 평가기준을 작성하여 실습생들을 관찰하여 기록, 정리, 평가하고 지도한다.
- 실습생을 이해하고 정서적으로 지원해 주어야 한다. 보육교사직에 대한 적성 불안과 업무 수행의 어려움을 느낄 때 정서적으로 안정시키고 든든한 지원을 해주며 실습생의 상담자가 되어 준다.

03 보육실습의 내용

1. 보육계획안 작성
2. 학급일과 운영
3. 주별 보육실습과정

1 보육계획안 작성

1) 보육계획안

일반적으로 보육계획은 어린이집 특정 양식은 없으나 보육실습 지도교사가 생활주제의 전개, 소주제와 보육활동 간의 적합성, 발달단계의 특성, 실습기관의 주간계획안과 아동의 흥미, 행사 및 학급상황을 고려하여 실습생이 작성할 수 있도록 기본 정보를 제공하고 지도한다.

보육활동에 대한 계획은 표준보육과정에 기초하여 통합적 전개가 되도록 하며 목표는 단순 명료하며 영유아가 수행 가능하도록 진술하여야 한다. 행동적 목표는 "~숫자를 순서대로 배열한다"와 같이 진술하며, 표현적 목표는 "~숫자를 보고 생각나는 것을 그린다"로 진술할 수 있다. 이때 동사의 형태는 "~한다. 또는 ~할 수 있다"로 진술한다.

(1) 주간계획안

월간보육계획안에 제시된 주별 보육활동을 바탕으로 주간보육계획안을 작성한다. 일반적으로 한 주 동안 한 개의 주제를 중심으로 활동이 진행되지만 유아의 흥미와 요구에 따라 한 주제가 다음 주로 연장되기도 한다. 계획안을 처음 작성한 후 그대로 진행하는 것이 아니라 상황에 따라 수정하거나 보완해야 한다.

주간계획안의 경우 보육기관에 시행하는 프로그램의 성격에 따라 작성하는 형식이 달라질 수 있다.

〈표 3-1〉 주간계획안 예시(만 4세)

기 간	20**년 4월 2주 (4월 *일~*일)
주 제	봄
목 표	*봄에 나타나는 자연의 변화를 눈으로 확인하고 말로 이야기한다. *날씨의 변화에 대해 파악한다. *봄에 피는 여러 가지 식물과 씨앗이 자라나는 과정을 살펴본다.

이야기 나누기
-봄에 달라지는 것들
-따뜻해진 날씨
-봄비가 내려요
-싹이 났어요
-봄에 동물들이 깨어나요

동시·동화·동극
-우리는 봄 친구
-봄이 왔어요
-봄을 알리는 시계
-봄 빛 꽃 빛
-봄비
-이슬비 속사임
-나무를 가꾸자
-봄소풍
-꽃들아 안녕

노래·음률·음악감상
-꽃샘바람
-빗방울 행진곡
-개구리

조형
-개나리 도장찍기
-화분꾸미기
-봄동산 꾸미기
-색종이 나무 꾸미기
-옷걸이 나비 꾸미기

생활지도
-바르게 앉기
-휴지는 휴지통에 버리기
-줄 서기
-화분에 물주기
-실내놀이기구 바르게 사용하기

전이·주의집중
-다른 것 찾기
-관찰력 게임
-손유희 – 뱅글뱅글
-동시 읊어보기
-패턴 만들기

수·조작
-병아리부터
-빗방울 세어보기

언어
-개나리 꽃잎
-봄이 왔어요

과학
-봄나물 관찰
-꽃향기 맡아보기

쌓기·역할·대근육
-봄 동산 꾸미기
-우산 써보기
-발자국과 선 따라 걷기

실외
-달라진 나뭇잎 관찰하기
-화단에 물주기
-꽃씨 심기
-동물 먹이주기

신체활동·게임
-다리 펴서 가슴 닿기
-봄바람 되어보기
-빗방울 되어보기
-같은 꽃 찾기

요일 활동	월	화	수	목	금
오전 간식	우유, 과일	우유, 크로와상	수정과, 인절미	우유, 플레이크	식혜, 호박설기
점심 및 이 닦기	손 닦기	작은 소리로 이야기하기	바르게 앉아서 먹기	음식 남기지 않기	골고루 양치질하기
	잡곡밥, 육개장, 양송이볶음, 깻잎, 김치, 과일	비빔밥, 감자양파국, 계란프라이, 깍두기, 요구르트	현미찹쌀밥, 아욱국, 삼겹살구이, 상추쌈, 김치, 과일	영양밥, 곰탕, 오징어볶음, 고구마순무침, 깍두기, 과일	현미밥, 해물 수제비, 햄전, 멸치볶음, 쑥갓생채, 김치, 요구르트
오후 간식	주스, 찐 고구마	호박죽	두유, 샌드위치	주스, 잡채	두유, 샌드위치
낮잠	편안한 옷차림으로				

기 간	20**년 4월 2주 (4월 *일~*일)				
주 제	봄				
목 표	*봄에 나타나는 자연의 변화를 눈으로 확인하고 말로 이야기한다. *날씨의 변화에 대해 파악한다. *봄에 피는 여러 가지 식물과 씨앗이 자라나는 과정을 살펴본다.				
요일 / 활동	월	화	수	목	금
자유선택활동 – 실내	조작 : 병아리부터 과학 : 봄나물 관찰 언어: 개나리 꽃잎	쌓기 : 봄동산 꾸미기 언어 : 봄이 왔어요	역할 : 우산 써보기 수 : 빗방울 세어보기	조작 : 나무 붙여보기 과학 : 꽃향기 맡아보기	대근육 : 발자국과 선 따라 걷기 쌓기 : 벌레 놀이터
자유선택활동 – 실외	달라진 나뭇잎 관찰하기	모래찍기	화단에 물주기	꽃씨 심기	동물 먹이주기
이야기 나누기	봄이 되면서 달라지는 것들	따뜻해진 날씨	봄비가 내려요	싹이 났어요	봄에 동물들이 잠에서 깨어나 요
동시·동화 동극	우리는 봄 친구 봄이 왔어요	봄을 알리는 시 계/봄 빛 꽃 빛	봄비 이슬비 속삭임	나무를 가꾸자 봄소풍	꽃들아 안녕 병아리
조형활동	개나리 도장찍기	화분 꾸미기	우산 만들기	색종이 찢어 나무 꾸미기	옷걸이 나비 꾸미기
노래·음률·음악감상	꽃샘바람		빗방울 행진곡 예쁜 은구슬		개구리
오전 간식	두유, 과일	우유, 크로와상	수정과, 인절미	우유, 플레이크	식혜, 호박설기
신체활동 게임 신체표현		다리 펴서 가슴 닿기 봄바람 되어보 기	빗방울 되어보 기 요리 : 달걀 샐 러드 샌드위치	같은 꽃 찾기	
전이 주의집중	다른 것 찾기	관찰력 게임	손유희 – 뱅글뱅글	동시 읊어보기	패턴 만들기
점심 및 이 닦기	손 닦기	작은 소리로 이야기하기	바르게 앉아서 먹기	음식 남기지 않기	골고루 양치질하기
점심 및 이 닦기	잡곡밥, 육개장, 양송이볶음, 깻 잎, 김치, 과일	비빔밥, 감자국, 계란프라이, 깍 두기, 요구르트	현미밥, 아욱국, 삼겹구이, 상추 쌈, 김치, 과일	영양밥, 곰탕, 오징어볶음, 고 구마순무침, 깍 두기, 과일	현미밥, 수제비, 햄, 멸치볶음, 생채, 김치, 요 구르트
오후 간식	주스, 찐 고구마	호박죽	두유, 샌드위치	주스, 잡채	두유, 샌드위치
낮잠	편안한 옷차림으로				
생활지도	바르게 앉기	휴지는 휴지통 에 버리기	줄 서기	화분에 물주기	실내놀이 기구 바르게 사용하 기
평가					

〈표 3-2〉 **주간계획안 예시(만 2세)**

- ■ 주　　　제 : 더워요.
- ■ 소 주 제 : 내가 좋아하는 음식이 있어요.
- ■ 목　　　표 : 여름을 시원하게 보내기 위해 먹는 음식을 경험한다.
  /시원한 음식, 아이스크림을 탐색하고 많이 먹으면 배가 아픔을 안다.
- ■ 실 시 기 간 : 20**년 7월 2주(7월 *일~7월 *일)

<table>
<tr><th colspan="2">요일
구분</th><th>월(6일)</th><th>화(7일)</th><th>수(8일)</th><th>목(9일)</th><th>금(10일)</th><th>토(11일)</th></tr>
<tr><td rowspan="5">실내자유놀이</td><td>쌓기/대근육/음률</td><td colspan="6">• 아이스크림 가게 만들기　• '아이스크림' 음악 들으며 리본 막대 흔들기</td></tr>
<tr><td>역　할</td><td colspan="6">• 밀가루반죽으로 아이스크림 만들기　• 주스 가게 놀이</td></tr>
<tr><td>조　형</td><td colspan="6">• 색 물병 만들기　• 음식 그림 붙이기</td></tr>
<tr><td>책보기</td><td colspan="6">• 〈꿀꿀이의 아이스크림 가게〉 손 인형 놀이　• 요리 화보로 만든 책 보기</td></tr>
<tr><td>탐　색</td><td colspan="6">• 촉감 아이스크림 느끼기　• 얼음탐색하기　• 아이스크림 조각 퍼즐 맞추기</td></tr>
<tr><td colspan="2">전이활동</td><td colspan="6">• 노래 〈얼음과자〉　• 신체표현 〈우리 모두 다같이〉</td></tr>
<tr><td colspan="2">실외 자유놀이</td><td colspan="6">• 찰랑찰랑 물놀이(과일모형 씻기)　• 얼음 띄워 보기</td></tr>
<tr><td colspan="2">점심 및 낮잠</td><td colspan="6">• 낮잠 동화 : 스팟이 바닷가에 갔어요.　• 낮잠 음악 : 〈빗방울 전주곡〉</td></tr>
<tr><td colspan="2">오후활동</td><td colspan="6">• 인형 목욕시키기　• 조개에 귀 대어 보기</td></tr>
<tr><td colspan="2">기본생활습관</td><td colspan="6">• 찬 음식 많이 먹지 않기</td></tr>
<tr><td colspan="8">〈 알리는 말씀 〉</td></tr>
<tr><td colspan="8">1. 이번 주에는 〈날씨가 더워졌어요〉라는 주제로 얼음 막대 그림그리기 등의 활동을 하며 더운 느낌, 시원한 느낌의 감각을 느껴 보았습니다.
2. 색 물병 만들기를 하기 위한 준비물을 지원받고 있습니다.
3. 매주 금요일은 이불 세탁을 하는 날입니다.
4. **부 ***선생님께서 새로 오셨습니다.
5. 무더운 날씨로 어린이집 일과 중 아이들이 땀을 많이 흘립니다.
매일 머리감기와 샤워를 시켜 주시기 바랍니다.
6. 7~8월 기간 동안 **어린이집 교직원들이 순차적으로 하계휴가가 진행됩니다.
각 반 문 앞에 담임교사의 휴가기간이 게시되어 있으니 참고하시기 바랍니다.</td></tr>
</table>

(2) 일일 보육활동계획안

보육활동계획안은 단위 보육활동계획안과 반일(오전, 오후) 보육활동계획안과 일일 보육활동계획안으로 구분하여 작성한다.

아동은 어린이집에서 하루를 보내면서 그날의 주제에 맞게 계획된 다양한 활동들을 경험하게 된다. 이런 다양한 활동은 주간계획안에 기초하여 구성되지만 아동의 흥미와 욕구, 사건에 따라 융통성 있게 운영한다. 또한 동적이거나 정적인 활동의 유형과 구성의 집단의 크기를 고려하여 활동을 진행해야 한다.

일일 보육계획안도 주간계획안과 마찬가지로 보육기관이 실행하는 프로그램에 따라 다양한 형태로 작성될 수 있다. 단위 보육활동이란 도입 – 전개 – 마무리의 구조로 진행되는 하나의 보육활동으로 활동목표, 활동자료, 활동방법, 확장활동, 주의사항 등이 포함되어야 한다(한국보육진흥원, 2010). 오전 오후 반나절로 먼저 보육계획을 구상하고 차차 종일 보육계획을 준비하는 것이 구성적으로 덜 부담이 된다.

단위 보육활동계획은 〈표 3-3〉을 참고하면 수업 날짜, 결재란, 반명 및 대상연령, 주제 및 활동명, 활동목표, 활동방법(도입 – 전개 – 마무리), 활동자료, 확장활동, 유의사항, 지도교사조언, 실습생 소감평가를 기록하는 것이 보육활동을 목표와 연관되게 지도할 수 있다. 활동목표는 표준보육과정의 영역〉 내용범주〉 내용〉세부내용과의 관련성을 확인하여 진술하도록 한다. 반일(일일) 보육활동계획안에는 〈표 3-4〉와 같이 제출일과 수업일시, 결재란, 반명 및 대상연령, 주제 및 소주제, 활동계획 및 내용, 활동자료, 시간 및 일과, 유의사항, 지도교사조언, 실행 후 실습생 평가까지 구체적으로 작성하는 것이 바람직하다.

이때 활동시간은 등원부터 귀가 및 가정과 연계할 때까지 하루일과의 시간을 세부적으로 나누어 기록한다. 또한 활동은 정적인 활동과 동적인 활동이 골고루 분배되도록 계획하고, 산책이나 바깥놀이를 일과에 반드시 포함시키도록 한다. 예비교사는 수업을 보지 않은 사람들도 하루일과를 비디오 보듯이 구조적으로 작성하도록 한다.

정규실습 시 일일 보육계획안은 유아에게 적합한 보육과정을 운영하고, 교육적 목표를 극대화하기 위해서 수립하는 지도계획이다. 경험이 부족한 예비교사는 일일 보육계획안 작성을 구체적이며 구조적으로 함으로써 진행에 큰 도움을 받을 수 있으며, 교육적 효과를 최대화할 수 있다.

일일 보육활동계획안 작성 시 일반적인 유의사항은 다음과 같다.

① 목표가 명확해야 하며, 내용 및 진행방법이 간결하면서도 체계적으로 짜여야 한다.
② 아동의 발달 및 학습원리에 강조하는 내용이 수업계획안에 반영되도록 한다.
③ 세밀하고 깊이 있게 보육활동과 직결될 수 있게 작성한다.
④ 활동시간을 잘 고려하여 작성하고, 영유아의 흥미 변화에 따라 대처할 수 있도록 융통성 있게 계획하여야 한다.
⑤ 교재교구 계획이나 수업진행 전에 지도교사 지도를 받는다.

종일 보육활동에 대한 계획안은 실습 마지막 주에 종일수업을 진행하기 전에 작성하여 제출한다. 그동안 작성했던 부분 보육활동계획안과는 달리 영유아의 등원 시부터 귀가할 때까지의 모든 계획을 작성해야 하며, 적어도 세 가지 활동이 포함되어야 한다. 종일수업은 실습의 마무리과정으로 교사로서의 자신을 평가할 수 있는 가장 객관적인 방법이므로 진행 전에 철저하게 계획한다. 종일 보육활동계획안은 적어도 수업진행 3일 전에는 지도교사에게 제출하여 조언을 구하고, 원장님께 결재를 받도록 한다.

보육계획안 작성은 다음 단계 순서에 따라 작성하여 본다.

① 보육활동 주제파악/선정 : 목표, 내용, 방법, 타 영역 관련 요소 파악
② 영유아 파악 : 영유아 흥미욕구, 발달 특성, 학습준비도, 개인차 등
③ 보육활동방법 연구 : 보육활동 진행방법, 교재교구계획, 교사역할
④ 보육활동과정 설계 : 보육활동모형, 구체적 보육활동 계획 등

〈표 3-3〉 단위 보육활동계획안

<table>
<tr><td rowspan="2">제출일</td><td rowspan="2">20**년 월 일 요일</td><td rowspan="2">결재</td><td>실습생</td><td>지도교사</td><td>원장</td></tr>
<tr><td>㊞</td><td>㊞</td><td>㊞</td></tr>
<tr><td>반 명</td><td></td><td colspan="2">일 시</td><td colspan="2"></td></tr>
<tr><td>주 제</td><td></td><td colspan="2">소주제</td><td colspan="2"></td></tr>
<tr><td>활동명</td><td></td><td colspan="2">흥미영역/
활동유형</td><td colspan="2"></td></tr>
<tr><td>활동
목표</td><td colspan="5">*각 목표의 표준보육과정의 영역>내용범주>내용>세부내용과 관련성을 제시</td></tr>
<tr><td colspan="5">활동방법</td><td>활동자료</td></tr>
<tr><td colspan="5">도입-전개-마무리 구조로 진행</td><td></td></tr>
<tr><td>확장
활동</td><td colspan="5"></td></tr>
<tr><td>유의
사항</td><td colspan="5"></td></tr>
<tr><td>지도
교사
조언</td><td colspan="5"></td></tr>
<tr><td>실습생
평가</td><td colspan="5"></td></tr>
</table>

〈표 3-4〉 **반일(일일) 보육활동계획안**

<table>
<tr><td rowspan="2">제출일</td><td colspan="2" rowspan="2">20**년 월 일 요일</td><td rowspan="2">결재</td><td>실습생</td><td colspan="2">지도교사</td><td colspan="2">원장</td></tr>
<tr><td>㊞</td><td colspan="2">㊞</td><td colspan="2">㊞</td></tr>
<tr><td>반 명</td><td colspan="3"></td><td>일시</td><td colspan="2"></td><td>날씨</td><td></td></tr>
<tr><td>주 제</td><td colspan="3"></td><td>소주제</td><td colspan="4"></td></tr>
<tr><td>시간 및 일과</td><td colspan="4">활동계획 및 내용</td><td colspan="4">활동자료 및 유의점</td></tr>
<tr><td>~
등원 및
맞이하기</td><td colspan="4"></td><td colspan="4"></td></tr>
<tr><td>~
오전실내
자유놀이</td><td colspan="4"></td><td colspan="4"></td></tr>
<tr><td></td><td colspan="4"></td><td colspan="4"></td></tr>
<tr><td>~
귀가 및
가정과의 연계</td><td colspan="4"></td><td colspan="4"></td></tr>
<tr><td>유의사항</td><td colspan="8"></td></tr>
<tr><td>계획안에 대한
지도교사조언</td><td colspan="8"></td></tr>
<tr><td>실행 후
실습생 평가</td><td colspan="8"></td></tr>
</table>

〈표 3-5〉 단위 보육활동계획안 예시(만 1세반)

<table>
<tr><td colspan="2" rowspan="2">20**년 *월 **일 *요일 날씨</td><td rowspan="2">결재</td><td>실습교사</td><td>지도교사</td><td>원장</td></tr>
<tr><td></td><td></td><td></td></tr>
<tr><td>반명</td><td></td><td>일시</td><td colspan="3"></td></tr>
<tr><td>주 제</td><td>좋아하는 놀이가 있어요</td><td>소주제</td><td colspan="3">춤추고 놀이해요</td></tr>
<tr><td>활동명</td><td>털실 공을 굴려요</td><td colspan="2">흥미영역/활동유형</td><td colspan="2">신체활동</td></tr>
<tr><td>목 표</td><td colspan="5">· 털실로 만들어진 공을 탐색한다.
(자연탐구 〉 탐구하는 태도 기르기 〉 탐색 시도하기 〉 주변의 사물에 대해 의도적인 탐색을 시도한다)[1)]
· 털실공을 굴리고 따라간다.
(신체운동 〉 신체활동 참여하기 〉 기구를 이용하여 신체활동 시도하기 〉 간단한 기구를 이용하여 신체활동을 시도한다)</td></tr>
<tr><td colspan="5">활 동 방 법</td><td>활동자료</td></tr>
<tr><td colspan="5">1. 털실공을 다양한 방법으로 탐색한다.
- 공을 잡아보니 느낌이 어때요?
- 폭신폭신 부드럽네요.
- ○○이가 공이 굴려볼까요?
- 공끼리 부딪쳐 보자.

2. 공을 ○○에게 굴려 본다.
- 선생님이 ○○이에게 공을 굴려 줄게요. 데굴데굴~
- 공이 ○○에게 굴러가네. ○○이가 공을 잡았구나.

3. 공을 굴리고 교사와 영아가 함께 따라가 본다.
- 털실공이 데굴데굴 굴러가네. 우리가 따라가 볼까.
- ○○야 굴러가는 공을 따라가서 잡아보자.

· 털실로 뜨개질을 해서 공에 씌우거나 공에 털실을 감싼다.</td><td>· 털실로 뜨개질을 해서 공에 씌우거나 공에 털실을 감싼다.

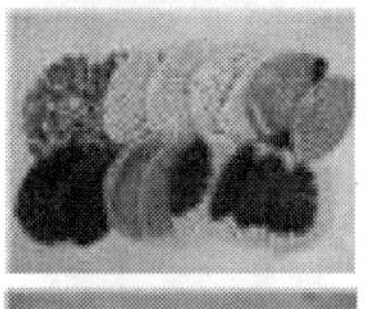
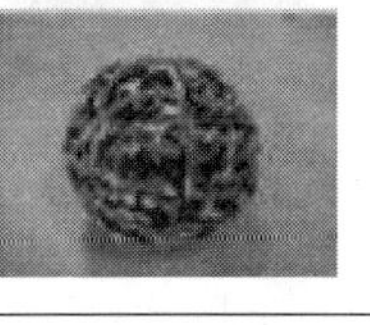</td></tr>
<tr><td colspan="6">확장활동 : 털실 외에 여러 가지 촉감공으로 촉감탐색을 하며 활동을 진행할 수 있다.</td></tr>
<tr><td colspan="5">유의사항
1. 털실이 입으로 들어가지 않도록 주의한다.
2. 털실공의 세탁이 가능하도록 공 모양으로 반씩 뜨개질한 후 공에 씌운 후 바느질로 엮어주면 좋다.</td><td></td></tr>
</table>

주 : 한국보육진흥원(2013), 만 1세 보육활동계획안 참고

<table>
<tr><td rowspan="2">제출일</td><td rowspan="2">6월 *일 *요일</td><td rowspan="2">결재</td><td>보육실습생</td><td>보육실습
지도교사</td><td>원장</td></tr>
<tr><td>㊞</td><td>㊞</td><td>㊞</td></tr>
<tr><td>보육실습 학급</td><td>만 1세 **반</td><td>보육실습 일시</td><td colspan="3">6월 *일 *요일 오전 09:00~10:30</td></tr>
<tr><td>보육실습생</td><td>○○○</td><td>보육실습 지도교사</td><td colspan="3">○○○</td></tr>
<tr><td>주 제</td><td>활발한 움직임</td><td>소주제</td><td colspan="3">올라가요 내려가요</td></tr>
<tr><td>활동일시</td><td>6월 *일</td><td>활동시간</td><td colspan="3">오전 자유선택활동</td></tr>
<tr><td>활동명</td><td>두더지 상자(까꿍놀이)</td><td>흥미영역/활동유형</td><td colspan="3">언어영역/언어활동</td></tr>
<tr><td>활동목표</td><td colspan="5">◦ 상자 안에서 자신을 부르는 소리를 들으면 고개를 내밀며 눈을 맞춘다(의사소통 〉 듣기 〉 경험과 관련된 말의 의미 알기).
◦ 상자 안과 밖으로 들고 날 수 있도록 몸의 크기와 방향을 조절한다(신체운동 〉 신체 조절과 기본운동 〉 대근육조절하기).</td></tr>
<tr><td colspan="4">활동방법</td><td colspan="2">활동자료</td></tr>
<tr><td>도입</td><td colspan="3">◦ 사전에 구멍 뚫린 상자를 뒤집어 놓고 영아와 함께 다양하고 쉽게 꾸밀 수 있는 재료로 상자를 꾸민다.
◦ 두더지 상자의 구멍을 제시하며 함께 탐색한다.
"상자에 이것(구멍을 가리키며)은 무엇일까?"<br>"구멍이 하나, 둘, 셋, 세 개가 있네!"<br>"이 상자에 이것을 붙이면 어떤 모습일까?"</td><td colspan="2" rowspan="3">◦ 영아가 들어갈 수 있는 큰 상자의 윗부분에 구멍 2~3개를 뚫는다.
◦ 구멍 주위를 테이핑한다.
◦ 상자의 겉면을 쉽게 붙일 수 있는 색상지, 시트지로 꾸민다.</td></tr>
<tr><td>전개</td><td colspan="3">◦ 상자와 구멍에 관심을 보이면 상자 안으로 들어가 두더지 놀이의 시범을 보인다.
"선생님이 상자 속에 들어가 볼게. 선생님이 ○○를 볼 수 있을까?"<br>"짠(상자 밖으로 얼굴을 내밀며)~ 까꿍! 선생님 얼굴이 구멍 밖으로 나왔네!"
◦ 영아가 상자 안으로 들어가면 이름을 부른다.
"○○도 상자 속으로 들어가 볼까?"<br>"(영아가 상자 안으로 들어가면) ○○야, 어디로 갔니?"<br>"까꿍 ○○가 여기 있었네!"</td></tr>
<tr><td>마무리</td><td colspan="3">◦ 영아가 상자에서 나올 때 눈을 맞추며 까꿍놀이를 한다.
"밖에서 다른 친구와도 해볼까? ○○야 어딨니? 우리는 밖에 있다~"
◦ 상자 밖의 영아들도 함께 한다.
"까꿍~ 우리 여기 있다."</td></tr>
<tr><td>확장활동</td><td colspan="5">◦ 상자 옆면에도 구멍을 뚫어 영아의 손과 발이 나오도록 하여 손을 잡아주거나 몸도 만져 주도록 한다.</td></tr>
<tr><td>유의사항</td><td colspan="5">◦ 상자에 날카로운 면이 없도록 테이핑을 하여야 한다.</td></tr>
</table>

주 : 여성가족부(2007), 1세 보육 프로그램 참고

〈표 3-6〉 **반나절 보육활동계획안 예시(만 4세)**

<table>
<tr><td rowspan="2">제출일</td><td rowspan="2">10월 *일 *요일</td><td rowspan="2">결재</td><td>보육실습생</td><td>보육실습
지도교사</td><td>어린이집
원장</td></tr>
<tr><td>㊞</td><td>㊞</td><td>㊞</td></tr>
<tr><td>보육실습 학급</td><td>만 4세 **반</td><td>보육실습 일시</td><td colspan="3">10월 *일 *요일 오전
08:40~12:20</td></tr>
<tr><td>보육실습생</td><td>○○○</td><td>보육실습 지도교사</td><td colspan="3">○○○</td></tr>
<tr><td>주 제</td><td>가을</td><td>소주제</td><td colspan="3">가을생활</td></tr>
<tr><td>활동일시</td><td>6월 *일</td><td>활동시간</td><td colspan="3">오전 자유선택활동</td></tr>
<tr><td>활동목표</td><td colspan="5">① 등원지도(계절에 맞는 옷차림)
② 실내 자유선택활동(미술, 역할놀이, 언어영역)
③ 간식(고구마, 우유)
④ 실외 자유선택활동(게임 – 가을철 열매 나르기)</td></tr>
<tr><td>일일목표</td><td colspan="5">사람들의 가을철 생활에 대해 관심을 가진다.</td></tr>
<tr><td colspan="4">활동방법</td><td colspan="2">활동자료</td></tr>
<tr><td>등원지도
(8:30~09:00)</td><td colspan="3">◦ 날씨에 맞는 차림에 대해 이야기하며 옷을 정리한다.
◦ 놀이영역을 소개하며 놀이를 계획하도록 안내한다.</td><td colspan="2">◦ 날짜, 요일 달력
◦ 출석표
◦ 놀이계획표</td></tr>
<tr><td>실내
자유선택
활동
(9:00~10:15)</td><td colspan="3">◦ 목표 : 가을철의 주변 생물과 생활의 변화에 대해 안다.
–미술영역 : 은행잎 찍기 놀이*
·은행나무 잎에 물감을 바르고 종이로 눌러 찍으며 판화의 원리를 경험한다.
–역할놀이영역 : 미화원 놀이*
·낙엽을 쓸어주시는 미화원의 역할을 하며 그 노고에 감사한다.
–언어영역 : 가을에 조심할 것은?*
·불·감기·벌·교통안전 등에 대한 수수께끼를 맞춘다.
◦ 정리정돈의 시간이 더 필요한 조형 · 역할 · 쌓기 영역에는 놀이 정리 시간이 얼마 남았는지 미리 예고한다.</td><td colspan="2">◦ 은행잎, 롤러, 물감, 미화원 복장, 종이낙엽, 청소도구, 수수께끼 카드</td></tr>
<tr><td>정리정돈
(10:15~10:30)</td><td colspan="3">◦ 또래와 함께 협력하여 정리한다.
◦ 각 영역별로 4명씩 팀을 만들어 정리해 본다.
◦ 팀별로 격려하며 화장실로 손 씻으러 간다.</td><td colspan="2">◦ 팀별정리모습 사진촬영</td></tr>
<tr><td>오전 간식
(10:30~10:50)</td><td colspan="3">◦ 스스로 간식 접시를 정리한다.
◦ 메뉴 : 찐 고구마 1/2개, 우유 1컵
◦ 고구마의 좋은 점에 대해 간단히 이야기를 나눈다.
"땅 속에서 자라는 뿌리에요. 삶고 찌거나 구워먹기도 해요. 감자보다 달콤한 맛이에요. 나는 누구일까요?"
◦ 간식을 다 먹은 후에는 접시를 정리하고 손을 씻는다.
◦ 또래들이 다 먹을 때까지 책을 보며 기다린다.</td><td colspan="2">◦ 고구마</td></tr>
</table>

활동방법		활동자료
실외 자유선택 활동·게임 (10:50~11:50)	◦활동명 : 가을철 열매 나르기(게임) –목표 : 규칙을 지키며 게임을 즐긴다. 열매를 활용한 놀이로 가을을 즐긴다. –배열 : 잔디밭에 두 줄 앉기 –도입 : 열매 탐색, 팀명 정하기 –전개 : 게임방법 정하기, 규칙 회상하기, 경기하기 –마무리 : 경기결과는 열매 바구니를 저울로 달아 확인하기 –이긴 팀, 약속 잘 지킨 팀, 응원 열심히 한 팀, 칭찬하기 –실외 놀잇감 정리를 한 후 손을 깨끗이 씻고 점심식사를 하도록 안내한다.	◦가을철 열매 (밤, 도토리, 대추), 국자, 바구니, 스티커, 저울
유의사항	◦비가 오면 실외 자유선택활동 게임은 유희실에서 하도록 한다. ◦게임을 마치고 나면 실외 자유선택활동을 자유롭게 하도록 한다. ◦팀별로 정리할 때의 좋은 점을 발견하는 기회를 준다.	

(3) 부분수업 활동계획안

부분수업(단편적인 하나의 수업), 연계수업(2개 이상의 수업연결), 종일수업(하루일과의 시작부터 끝)을 효과적으로 진행하기 위해서는 세밀하게 활동계획안을 작성해야 한다. 부분수업을 위한 활동계획안에는 일반적으로 주제와 목표, 활동명, 활동내용, 대상연령, 필요한 준비물, 소요시간 등이 기록되며 활동의 도입, 전개, 마무리 등 진행 순서에 맞게 계획하여 기록한다. 그 기록을 바탕으로 또 다른 사람이 수업을 그대로 진행할 수 있을 정도로 자세하게 기록하는 것이 바람직하다(박낭자 외 8인, 2006; 이선경 & 이은정, 2008; 문혁준, 백혜리, 김정희, 김민희, 2008).

부분수업 활동계획안은 하루일과 중 한 가지 보육활동을 진행하기 전에 작성하는 것이다. 예비교사는 실습 두 번째 주부터 부분수업을 시작하게 되므로 미리 부분수업 활동계획안을 작성하여 지도교사 조언을 구한다. 부분수업 활동계획안 작성 시 실습 중인 반에서 연령 고려, 현재 진행 중 주제, 진행활동과 일과 중 시간 선정에 따라 계획을 다르게 세워야 한다.

① 이야기 나누기

이야기 나누기 활동 계획안

활 동 명 봄비가 내려요.

생활주제 봄이 되면

활동일시 20**년 *월 **일

집단형태 대·소집단 가능

대상연령 만 4세

활동목표
- 봄이 되면 날씨가 어떻게 달라지는지 변화에 관심을 갖는다.
- 눈과 비의 차이점에 대해 알아본다.
- 새로운 시작을 알리는 봄비의 고마움에 대해 이야기한다.

준 비 물
- 비오는 장면의 비디오테이프 또는 빗방울 소리 테이프
- 비올 때 옷차림에 관한 그림자료(비디오테이프 없을 경우)
- 새싹이 돋는 나뭇가지나 파릇파릇한 풀밭에 관한 사진자료
- 흰수정액으로 눈송이를 그린 투명 아세테이트지

활동방법

✐ **사전활동**
- 오늘의 날씨에 대해 이야기 나누면서 봄 날씨에 대해 느껴보도록 한다.
- 자유선택활동 시간 아동들이 역할영역에서 비옷과 우산, 장화를 착용하고 놀이하면서 자연스럽게 봄비에 대해 관심을 갖도록 한다.

✐ **본 활동**

[도입]
- '봄비가 내려요'에 관한 이야기 나누기를 시작하기 전에 빗방울 소리(TV 화면을 가리거나, 소리가 녹음되어 있는 테이프 이용)를 들려주며 흥미를 갖도록 한다.
  교사 : 무슨 소리일까?
  아동 : 비행기 소리요.~ 빗방울 소리요.
  교사 : 이런 소리를 들어본 적이 있니?
  아동 : 비올 때 우산 쓰고 나가면 우산에서 들려요.
- 가려진 화면을 공개하여 비오는 장면을 소개한다. [중략]

[전개]

• 비가 오는 장면을 보면서 빗방울 소리와 사람의 옷차림, 자연의 변화에 대해 관찰할 수 있도록 한다.

교사 : 빗방울 소리를 잘 들어보자. 무슨 소리 같니?
아동 : 샤워할 때 나는 소리요.
콩들이 바닥에 떨어지는 소리요. [중략]

• 겨울에 움츠러들었던 자연이 봄비를 맞으면서 새롭게 계절을 맞고 변화하는 것에 대해 이야기 나눈다. [중략]

• 비가 올 때 어떤 느낌이 드는지 경험을 나눈다.

교사 : 비가 오는 날 기억나는 일이 있니?
아동 : 아빠는 세차했다고 속상해하세요.
교사 : 빗방울을 손으로 만져 본 적 있니? 어떤 기분이었니?
아동 : 간지러워요. [중략]

• 겨울과 봄에는 어떻게 다른지 이야기 나눈다.

교사 : 왜 봄에는 겨울처럼 눈이 내리지 않고 비가 내릴까?
아동 : 겨울처럼 춥지 않아서요.
봄에는 따뜻하니까요. [중략]

(새싹 돋은 나뭇가지 그림에 눈송이 그린 투명 아세테이트지를 덮는다.)

[마무리]

• 여러 가지 사진자료를 과학영역에 제시해 준다.
• 역할영역에서 비오는 날에 관한 놀이를 계속 진행한다.

유 의 점

• 눈과 비를 비교하며 과학적인 이유를 전달하지 않도록 주의한다.
• 아동이 대답을 머뭇거릴 때에는 재촉하지 않고 충분히 생각할 수 있도록 기다려 준다.

평 가

지난 활동계획보다는 더 자세하게 기술하였고 상호작용 또한 양호합니다. 아무리 치밀하게 계획을 세웠어도 미리 한번 연습해 보는 것과 그냥 와서 아이들 앞에서 진행하는 것은 큰 차이가 있을 것입니다. [중략]

② 문학활동

문학활동 계획안

활 동 명 동화·동극 – 숲 속의 떨어진 의자
생활주제 동물
활동일시 20**년 *월 **일
집단형태 대집단
대상연령 만 5세
활동목표 • 이야기를 듣고 동화내용을 이해하여 상상력을 기른다.
준 비 물 그림동화 자료, 머리띠, 동물 그림

활동방법
✐ **사전활동**
✐ **본 활동**

[도 입]
• 동화를 들려주며 동극을 할 준비를 하도록 알려준다. [중략]
• 동화 제목을 들려주며 어떤 내용일지 상상해 보게 한다. [중략]
[전 개]

(동화내용)
"숲 속의 떨어진 의자"
부웅~ 숲길을 달리던 차에서 의자 하나가 떨어졌어요. [중략]
• 동화를 다시 한 번 보여주며 이야기를 회상한다. [중략]
• 동극이 끝나면 한 줄로 서서 관객에게 인사를 한 후 퇴장한다.
[마무리]
• 동극을 한 후 소감과 관객의 느낌을 이야기한다. [중략]
교사 : 동극을 하니까 / 보니까 어땠니?
[확장활동]
- 동화 속 주인공에게 편지 쓰기

유 의 점
• 무대와 관객의 거리를 두어 동극을 할 때 비좁지 않도록 한다.
• 등장인물이 대기장소를 정확히 정하여 아동이 혼동하지 않도록 한다.

평 가
무대가 나가기 전 등장인물 대기 장소는 집중에 도움 됩니다.

③ 음악활동

음악활동 계획안

활 동 명 새 노래 – 나뭇잎

생활주제 가을

활동일시 20**년 *월 **일

집단형태 대집단

대상연령 만 4세

활동목표 • 가을의 아름다움을 느낀다.
• 새 노래를 익힌다.

준 비 물 나뭇잎 인형, 노래 가사판, 나뭇잎, 비닐 주머니

활동방법

✐ **사전활동**

✐ **본 활동**

[도 입]

• '나뭇잎' 노래를 시작하기 전에 수수께끼로 나뭇잎을 소개한다. [중략]

[전 개]

• 주머니 속의 나뭇잎이 노랫말을 이야기하도록 한다.

• 아동이 원하는 한 가지 소리로 부른다.

교사 : 노랫말을 넣어 부르기 전에 음을 자세히 알려면 어떻게 부르는 것이 좋을까? 한 가지 소리로 불러볼까? [중략]

[마무리]

• 노래를 부른 후 노래를 배운 후의 느낌을 이야기 나눈다. [중략]

[확장활동]

• 나뭇잎의 움직임을 신체로 표현해 보기

유 의 점

알고 있는 아동이 모르는 노래 도입을 빨리 진행하도록 한다. 또 알고 있는 아동의 호기심과 동기를 꺾지 않도록 주의한다.

평 가

나뭇잎이 나와서 노랫말을 소개하는 방법도 아이들에게 호기심을 자극하는 방법으로 좋았습니다.

④ 신체활동

신체활동 계획안

활 동 명 음악감상·신체표현 – 사계 중 '봄' / 고무줄놀이
생활주제 여러 가지 색과 모양
활동일시 20**년 *월 **일
집단형태 대집단 또는 중집단 가능
대상연령 만 5세
활동목표
- 고무줄과 몸을 이용하여 여러 가지 모양을 표현한다.
- 물의 흡수과정 및 속도를 관찰해 본다.

준 비 물
- 동화 '아기 고무줄의 여행'
- 음악 테이프 – 사계 중 '봄' / 녹음기
- 굵은 고무줄

활동방법

✐ **사전활동**
- 여러 가지 모양의 퍼즐을 맞춰 보면서 모양의 명칭을 안다.
- 고무줄을 마음대로 잡아당기며 탄력 정도를 느껴 본다.

✐ **본 활동**

[도 입]
- 동화 '아기 고무줄의 여행' 이야기를 들려준다.

햇볕이 내리쬐는 영희네 마당에 빨랫줄이 흔들거리기 시작했어요. [중략]

[전 개]
- 비발디의 사계 중 '봄'을 들려준다.
  교사 : 음악을 들어보자. 어떤 음악인지 주의해서 들어볼까?
- 음악에 대한 느낌을 이야기 나눈다. [중략]

[마무리]
- 이야기가 끝난 후 고무줄을 정리하도록 한다.

유 의 점
- 고무줄을 가지고 장난치지 않도록 주의한다.

평 가
음악감상과 신체표현은 조금은 어수선하기 때문에 교사의 지시가 명확해야 하는데 어떻게 유도할지 구체적인 언어표현에 어려움이 있었어요.

⑤ 게임활동

게임활동 계획안

활 동 명 게임 – 꽃그림 뒤집기
생활주제 가을
활동일시 20**년 *월 **일
집단형태 대집단
대상연령 만 3세
활동목표 • 여러 가지 규칙을 지키면서 즐겁게 게임을 한다.
• 여러 움직임을 통해 순발력과 협응력을 기른다.
준 비 물 게임카드(앞 : 국화 / 뒤 : 코스모스), 투명 그릇, 작은 공, 종

활동방법

✏ **사전활동** 여러 가지 가을꽃에 대해 이야기 나눈다.
✏ **본 활동**

[도 입]
• 국화와 코스모스가 그려진 카드를 보여준다.
[전 개]
• 아동이 제시한 게임 방법 중 적당한 방법을 선택하여 정리한다. [중략]
• 정해진 게임 방법을 2명의 아동이 나와 시범을 보이도록 한다. [중략]
• 게임 시 발생하는 문제상황을 제시하고 약속을 정한다. [중략]
• 게임을 시작한다.
- 시작과 끝을 정확히 알릴 수 있도록 종을 친다. [중략]
[마무리]
• 게임이 끝난 후 점수를 확인한다. [중략]

유 의 점
몸을 밀치며 카드를 뒤집을 수 있으므로 게임의 규칙을 정확히 지킬 수 있도록 주의한다.

평 가
"이겨라" 응원보다는 "잘해라"라는 응원이 낫지 않을까요. 아이들이 승패에 연연해 하기 보다는 열심히 게임을 했다는 사실에 집중하도록 유도합니다.

⑥ 요리활동

요리활동 계획안

활 동 명 달걀 샐러드 샌드위치

생활주제 봄이 되면 무엇이 변할까?

활동일시 20**년 *월 **일

집단형태 대·소집단

대상연령 만 5세

활동목표
- 물질의 변화에 호기심을 갖고 관찰한다.
- 도구를 정확하고 안전하게 사용한다.

준 비 물
- 달걀, 감자, 사과, 오이, 마요네즈
- 믹싱볼, 도마, 안전 칼, 숟가락, 접시

활동방법

✐ **사전활동**
- 삶기 전 달걀과 감자를 관찰한다.
- 달걀과 감자를 삶았을 때 어떻게 변할지 예상한다.

✐ **본 활동**

[도 입]
- 재료와 도구를 가지고 탐색한다. [중략]
- '달걀 샐러드 샌드위치'라는 요리 제목으로 준비된 재료를 가지고 어떻게 만들어야 할지, 주의할 점은 무엇인지 이야기 나눈다.
- 요리 순서도를 만든다.

[전 개]
- 자유선택활동 시간 소그룹으로 모인다.
  교사 : 선생님이 조를 부르면 손을 씻고 소꿉영역으로 모일 거야. [중략]
- 손을 깨끗이 씻은 후 앞치마를 두른다. … [중략]
- 도구와 남은 재료를 정리한다. … [중략]

[마무리]
- 오후 간식시간에 나누어 먹는다.
- 음식을 먹으면서 만들었을 때의 느낌에 대해 이야기 나눈다.

유 의 점
- 칼에 손이 다치지 않도록 안전 칼을 준비한다.

평　　가

요리과정 중 재료 탐색을 하고, 요리 후 뿌듯함도 함께 이야기 나누도록 해요.

⑦ 조형활동

조형활동 계획안

활 동 명 모양 찍기
생활주제 여러 가지 색과 모양
활동일시 20**년 *월 **일
집단형태 대집단
대상연령 만 3세

활동목표 • 물감을 칠해서 흰색 크레파스 자국이 드러나는 활동을 통해 물과 기름이 분리되는 것을 안다.

준 비 물 • 스티로폼 접시, 부직포 패드, 물감(3원색 : 빨강, 파랑, 노랑)
• 스펀지로 만든 3가지 찍기 틀(네모, 세모, 동그라미), 색
• 책 모양 도화지(B5 : 16절지 크기) 1, 사전활동용 흰 도화지 1

활동방법

✐ **사전활동** • 흰 도화지에 흰색 크레파스로 그림을 그리고 크레파스 자국이 드러나도록 색을 칠해 본다.

✐ **본 활동**

[도 입]
• 교사는 책 모양 종이에 아동이 보지 않도록 '☆'를 그려 넣는다. [중략]
[전 개]
• 스펀지 찍기 틀에 물감을 묻혀 찍어 보도록 한다.
아이들 찍기경험 활용하여 자유롭게 유도하고 색깔혼합에 유의한다. [중략]
[마무리]
• 작품이 완성되면 아동이 원할 경우 게시할 수 있는 공간을 마련한다.
• 다른 종이에 흰 크레파스로 다양한 그림을 그리고 찍기활동을 할 수 있도록 한다.

유 의 점
• 3개 스티로폼 접시에 부직포패드를 깔고 3원색을 각접시에 푼다. [중략]

평 가
탐색 언급 없어 다음 활동을 제시할 때에는 예상되는 문제를 미리 생각하고 아이들과 약속을 정해야 합니다. 이 점을 유념하기 바랍니다.

(4) 교재교구계획안

'교재'란 교육목표를 달성하기 위해 유아들이 학습할 내용이며 교수자료를 말한다. '교구'란 교육활동에서 매체를 제시하는 구체물이며 학습내용을 여러 형태로 제시하는 데 쓰이는 물품을 이른다.

따라서 '교재교구'란 보육활동의 구체적인 교수매체로서 아동이 학습할 내용과 활동을 연결하여 스스로 자유선택활동 시간에 선택하는 물리적인 교육환경을 의미한다. 다시 말해서 교재교구는 보육의 내용과 질을 결정하기 때문에 목표에 따라 이를 제작하여 적절한 방법으로 아동들에게 제시하는 것은 실습생이 갖추어야 할 중요한 능력 중 하나이다.

교구제작은 보육활동의 주제와 목표를 연관 지어 교수자료를 연구하게 된다. 보육활동에서 교재와 교구는 주제와 관련하여 영유아들의 호기심을 증진시키므로 예비교사는 교재나 교구제작을 통하여 보육활동 주제와 목표를 바르게 이해할 수 있으며, 합리적이고 효율적인 보육활동을 구상하고 자료를 준비할 수 있게 된다.

교재교구제작 전에 지도교사와 상의하고, 교재교구계획안을 작성하여 제출한다. 교재교구계획안을 작성할 때에는 교재명이나 교구명, 주제, 연령/수준, 목표, 교육과정 관련 요소, 준비물/재료, 제작방법, 활동방법, 확장활동 및 유의점 등을 기록한다. 지도교사나 원장이 예비교사가 제출한 교재교구계획안을 봄으로써 완성된 교재교구를 상상할 수 있도록 자세하게 기록하고 현재 진행중인 활동과 잘 연관될 수 있는 교재교구를 제작하도록 한다. 완성하여 제출한 교재교구는 어린이집의 허락을 받고 사진을 촬영한 뒤, 계획안 사진란에 붙인다.

어린이집 사정마다 다르지만, 일반적으로 마지막 주에 게시판이나 환경판 구성을 하게 된다. 예비교사는 환경구성 시작 전에 지도교사와 상의하여 환경구성 계획표를 제출하고, 원장님의 승인을 받은 후 환경구성을 시작한다. 환경구성을 완성하고 사진을 촬영하여 일지에 붙이면 추후 좋은 자료로 사용할 수 있다. 환경구성 계획표에는 주제, 준비물, 준비제작과정 등을 기록한다.

〈표 3-7〉 **교재교구 제작 계획안**

주 제		소주제	
활동명		대상연령	
활동유형		집단형태	
활동목표			
교육과정 관련 요소			
준비물			
교구 제작 방법			
활동 방법	도입, 전개, 마무리를 나누어 작성		
확장활동 및 유의점			

〈표 3-8〉 ** 어린이집 교구계획안 예시

<table>
<tr><td>교 구 명</td><td colspan="3">믹서기 & 주스 컵, 빨대
</td></tr>
<tr><td>주 제</td><td>시원한 음료수를 만들어 보아요</td><td>관련 영역</td><td>역할놀이</td></tr>
<tr><td>대상연령</td><td>만 2세</td><td>수 준</td><td>만 2~4세</td></tr>
<tr><td>목 표</td><td colspan="3">- 상호작용을 하며 언어·사회 발달을 돕는다.
- 믹서기 교구를 활용하며 소근육 발달을 돕는다.</td></tr>
<tr><td>재 료</td><td colspan="3">믹서기 : 페트병, 다양한 색의 펠트지, 글루건, 가위, 뽕뽕이, 찍찍이, 하드보드지, 테이프, 칼
주스 컵 & 빨대 : 1회용 플라스틱 컵, 펠트지, 나무젓가락, 글루건, 가위</td></tr>
<tr><td>교구 제작 방법</td><td colspan="3">〈믹서기〉
1. 페트병의 윗부분을 칼로 자른 후 날카로운 부분은 색 테이프로 마감 처리한다.
2. 하드보드지로 믹서기의 본체 전개도를 만들어 이어 붙인다.
3. 하드보드지를 펠트지로 감싼 후 페트병과 맞물리게 될 면에 보들이를 붙인다.
4. 펠트지로 감싼 페트병 뚜껑을 본체에 붙여 버튼을 만든다.
5. 페트병에 펠트지로 손잡이를 만들고 밑바닥에 까끌이를 붙인다.

〈주스 컵 & 빨대〉
1. 1회용 플라스틱 컵을 펠트지로 꾸민다.
2. 나무젓가락을 펠트지로 감싸 글루건으로 마무리한다.</td></tr>
</table>

<table>
<tr><td rowspan="3">활 동
방 법</td><td>도 입</td><td>1. 시원한 주스, 믹서기에 대한 이야기를 나눈다.
- 주스를 먹어 보거나 믹서기를 본 경험
T : 냠냠냠 꿀깍꿀깍 시원한 주스 마셔봤니?
C : 네!
T : 어떤 맛 주스를 먹어봤니?
C : 딸기맛이요.
T : 딸기맛 주스? 이 믹서기는 딸기를 이렇게 넣고 이걸 꾹 누르고 위잉 하고 갈면 짜잔 맛있는 주스를 만들어 주는 기계야.
C : 우와. 나도 해볼래요.</td></tr>
<tr><td>전 개</td><td>2. 역할놀이에 믹서기 교구를 사용한다.
〈가게놀이〉
- 교사가 손님일 때
T : 아이 더워, 똑똑 이 가게에 혹시 시원한 주스 팔아요?
C : 네. 무슨 맛이요?
T : 딸기맛 주스요.
C : 잠시만요. 여기요.
T : 꿀깍꿀깍. 음 딸기맛 주스 너무 맛있다. 어떻게 만든 거죠?
C : 딸기를 여기에 이렇게 넣고 위잉 하면 돼요.
T : 그렇구나. 너무 맛있고 시원해요. 고맙습니다. 또 올게요.
C : 네! 또 오세요.</td></tr>
<tr><td>평 가
및
마무리</td><td>3. 역할놀이 후 어떠한 활동을 했는지 이야기 나눈다.
T : 오늘 가게 온 친구들한테 어떤 거 주었어요?
C : 주스
T : 무슨 맛 주스 주었어요?
C : 딸기맛 / 초코맛
T : 딸기맛 주스랑 초코맛 주스 어떻게 만들어 주었어요?
C : 저기에 넣고 위잉 해서 만들어 줬어요.
T : 우와 정말 맛있었겠구나.

4. 활동을 마친 후 정리정돈을 한다.</td></tr>
<tr><td>확 장
활 동 및
유 의 점</td><td colspan="2">- 믹서기로 야채 주스 만들기</td></tr>
</table>

2) 보육실습일지

어린이집에서는 현재 면밀한 일일보육계획의 수립을 강조하기보다는 비교적 간략한 일일보육계획과 함께 실행과 평가가 함께 기록되는 일일 보육실습일지로 대체되고 있다(〈표 3-9〉 참조). 예비교사는 일일 보육실습활동 내용을 일지에 기록한 후 자신의 도장을 먼저 찍고, 지도교사에게 실습일지를 제출한다. 주제, 보육목표, 지시사항, 활동시간 및 활동명, 활동내용, 학습효과, 유의점, 실습생 소감 및 지도교사의 조언 등을 포함하여야 한다.

(1) 일일 보육실습활동 내용

① 주 제

하루의 활동을 포괄할 수 있는 큰 주제명으로, 어린이집에서 받은 주간교육계획안과 일치하도록 기록한다.

② 보육목표

지도교사의 수업을 참관하며, 주제와 활동을 통해 유아에게 기대되는 내용을 구체적이며 명확하게 기록한다.

③ 지시 및 협의사항

지도교사 및 원장님의 지시나 협의사항을 간단히 기록하여, 다음날 실습에 반영하도록 한다.

④ 활동시간 및 활동명

수업을 참관하며 하루일과를 시간별로 나누어 기록하고, 시간에 활동한 활동명을 기록한다.

⑤ 활동내용

지도교사의 교육방법, 활동의 구체적인 내용, 영유아 지도방법, 영유아의 반응 등을 자세하게 기록한다. 특히 대집단 활동을 기록할 때에는 활동의 도입 · 전개 · 마무리로 나누어, 활동내용 및 교사의 영유아의 주된 상호작용도 함께 기록한다. 활동 중인 사진이나 활동의 결과물을 사진으로 찍어 일지에 첨부하는 것도 추후 좋은 자료가 된다.

⑥ **기대되는 학습효과**

보육목표와는 달리 한 가지의 활동을 통하여 교육적 효과나 활동 수행의 가치에 기대되는 것을 기록한다.

⑦ **유의점**

활동에 필요한 자료를 구체적으로 기록하고, 유의해야 할 사항이 있으면 기록하여야 한다. 특히 안전에 관련된 것은 빠짐없이 기록한다.

⑧ **실습생의 소감**

하루일과와 실습내용, 보육활동 전반에 관한 소감과 아동들과의 상호작용에서의 반응 정도, 반성, 결심 등을 기록한다.

⑨ **지도교사의 조언**

지도교사는 예비교사가 기록한 일지의 내용을 참고하여 수업 및 영유아 지도 등에 대해서 조언과 전달 및 지시사항뿐 아니라 격려사항도 기록한다.

(2) 보육실습일지 예시

다음은 보육교사가 영유아의 개별적 차이와 흥미를 파악하여 영유아에게 적합한 경험을 제공하기 위하여 적합한 교수 전략과 연령별 영유아의 발달에 따라 작성한 예시 안이다. 〈표 3-9〉는 실제 어린이집에서 보육교사가 영유아의 발달과 학습을 촉진하며 관찰일지를 포함한 일일 보육실습일지(만 2세)의 예시이다.

〈표 3-9〉 **보육실습일지(만 2세) 예시**

보육실습일지

<table>
<tr><td rowspan="2">20**년 07월 **일 금요일 날씨 해</td><td rowspan="2">검인</td><td>실습교사</td><td>지도교사</td><td>원감</td><td>원장</td></tr>
<tr><td></td><td></td><td></td><td></td></tr>
<tr><td>주 제</td><td>더워요.</td><td colspan="2">소주제</td><td colspan="2">내가 좋아하는 음식이 있어요.</td></tr>
<tr><td>목 표</td><td colspan="5">- 여름을 시원하게 보내기 위해 먹는 음식을 경험한다.
- 시원한 음식, 아이스크림을 탐색하고 많이 먹으면 배가 아픔을 인식한다.</td></tr>
<tr><td>행 사 및
지시사항</td><td colspan="5">이불, 베개, 잠옷 세탁</td></tr>
</table>

시간 및 활동명	활 동 내 용	자료 및 유의점
7:00~08:20 등원 및 조용한 놀이	- 선생님과 인사 후에 놀이를 하며 친구들을 맞이한다.	장난감
8:20~8:50 오전 간식 (아침대용식)	- 주교사가 먼저 몇 명의 영아를 데리고 식당으로 올라간다. - 다음 부교사가 몇 명의 그룹의 영아를 데리고 식당으로 올라가 식사를 한다. - 식사를 다한 후 주교사 지도하에 몇 명의 영아가 내려가고 그 후 부교사가 차례차례 영아를 데리고 내려간다.	- 위생장갑 - 크린콜 - 어묵 김칫국 밥, 깍두기
08:50~10:00 오전 실내 자유놀이	〈인사나누기〉 - 식당에서 내려온 영아는 자기의 열매 자리에 앉는다. 1. 영아는 선생님과 함께 인사 노래를 시작한다. T : 안녕 안녕 친구들♬ C : 안녕 안녕 친구들♬ 2. 영아 무슨 놀이가 있는지 듣는다. T : 오늘은 열매반 친구들은 어제도 했던 주스 병도 꾸며 볼 거예요! C : 네! 어제 저는 했어요! T : 그래, 어제 안한 친구들은 해보자. 그리고 오늘도 초코맛 아이스크림, 딸기맛 아이스크림을 만들어 볼 거예요!! C : 재미있어요!! 3. 놀이하기 전에 시작활동 행동을 말을 듣는다. T : 그러면 오늘은 선생님이랑 놀이 시작해 보자!!	- 인사 노래

시간 및 활동명	활 동 내 용	자료 및 유의점
08:50~10:00 오전 실내 자유놀이	〈탐색영역〉 활동명 : 여름 그림 퍼즐 맞추기 활동방법 : 1. 영아는 여름 그림 퍼즐에 관심을 갖는다. T : 어 ~ 이건 무슨 그림이지? C : 아이스크림 같아요. 2. 영아는 그림을 맞힌다. T : 그러면 우리 한번 선생님이랑 같이 맞혀 볼까? C : 네!! 3. 완성된 퍼즐의 그림을 말한다. T : 완성했다! 이게 뭐지요? C : 진짜 아이스크림 맞아요!!	- 여름 그림 퍼즐
	〈조형영역〉 활동명 : 색 물병 꾸미기 활동방법 : 1. 영아는 어제 만든 색 물병을 탐색한다. T : 이게 뭐지? 어제 친구들이 만든 물병이네. C : ○○거예요!!! T : 그래, ○○는 무슨 색이예요? C : 빨간색이요!! 2. 영아는 색 물병을 원하는 스티커를 붙여 꾸민다. T : 그래, 빨간색이구나! 그러면 ○○물병에 스티커를 붙여 볼까? C : 네네, 저는 바나나랑… 붙여야지.	- 과일그림 색지, 과일 스티커
	〈책읽기영역〉 활동명 : 꿀꿀이 아이스크림 가게 그림책 보기 활동방법 : 1. 영아는 꿀꿀이 아이스크림 가게 그림책을 읽는다. T : ○○이, 이 책 읽고 싶어요? C : 네. T : 그러면 선생님이 읽어줄까요? C : 네. (꿀꿀이 아이스크림 가게 그림책을 읽는다.) 2. 영아는 꿀꿀이 아이스크림 가게 내용을 말한다. T : 꿀꿀이 왜 배가 아팠지요? C : 아이스크림을 너무 많이 먹어서요. T : 몇 개를 먹었어요? C : 3개요! T : 그래요, 친구들은 아이스크림 몇 개 먹을 거예요? C : 한 개요!! T : 그래 우리는 한 개만 먹자!!!^^	- 꿀꿀이 아이스크림 가게 그림책
	〈쌓기·음률 영역〉 활동명 : 주스 가게 만들기 활동방법 : 1. 영아는 벽돌로 주스 가게를 만든다. T : 선생님 아이스크림 가게 만들어 봐야지요! C : 저도 할래요. T : 그래 그러면 무엇으로 만들까? C : 벽돌이요!!	- 벽돌, 주스 모형

시간 및 활동명	활 동 내 용	자료 및 유의점
08:50～10:00 오전 실내 자유놀이	2. 영아는 벽돌로 만든 주스 가게 놀이를 한다. T : 우와 다 만들었다, 그러면 우리 주스 팔아 볼까요? C : 네. T : 이거는 무슨 맛 주스예요? C : 딸기맛이예요.^^ T : 딸기맛 주스 하나만 주세요!	
10:20～11:10 정리정돈 및 전이활동 휴식	활동명 : '무지개 물고기' 동화 듣기 활동방법 : 1. 정리 후 영아는 열매자리에 앉아 야외활동 나갈 준비를 한다. T : 멋쟁이 친구들 선크림이 얼굴에 쏙! C : 얼굴에 쏙!! 2. 열매 자리에 앉은 친구들은 선생님과 재미있게 놀이했는지 대화를 주고받는다. T : 친구들 오늘 친구들이랑 재미있게 놀았어요? C : 네! T : 그런데 선생님이랑 같이 온 물고기는 친구도 없이 혼자 지냈대요. 어떻게 된 건지 한번 들어볼까요?? C : 네!! 3. 교사가 준비한 무지개 물고기를 보여주며 들려준다. (교사는 융판동화로 무지개 물고기를 들려준다.) 4. 무지개 물고기를 들은 후 이야기를 나눈다. T : 무지개 물고기 동화 잘 들었어요? C : 네! T : 무지개 물고기가 왜 혼자 지냈죠? C : 비닐을 안 나누어줬어요. T : 맞아요. 열매반 친구들도 친구가 내가 가지고 싶은 물건을 가지고 있으면 어떻게 해야 돼요? C : 빌려줄래? 라고 해야 돼요!! T : 맞아요!! 울면서 화내면서 말하는 게 아니라 웃으면서 빌려줄래? 라고 말하는 거예요. 5. 실외활동을 위해 친구들은 이름 부르는 사람부터 나간다. T : 오늘은 해가 환하게 웃고 있으니깐 우리 바깥 놀이터 나갈 거예요. 예쁜 다리 하고 있는 사람부터 화장실에 가요!! C : 네!! 6. 바깥놀이터에서 모래놀이는 하지 않는다는 말을 듣는다. T : 오늘은 모래놀이 안할 거예요. C : 네!! 7. 바깥 놀이터를 나가 원하는 놀이기구를 탄다. T : 선생님이랑 그네 탈 사람!! C : 저요!! T : 그래, 그럼 오늘은 어디 갈까요?? C : 우리집이요!!	- 선크림, 무지개 물고기 융판동화, 야외놀이터

시간 및 활동명	활 동 내 용	자료 및 유의점
11:10~11:20 화장실 다녀오기 손 씻기	- 화장실에서 소변을 보고 얼굴 씻고 손 닦고 나온다.	
11:20~12:20 점심 및 이 닦기 대소변가리기	- 위생장갑을 끼고 영아가 골고루 섭취하도록 도와준다. - 다 먹은 영아는 책 읽기 영역에서 책 읽으면서 기다린다. - 다 먹은 영아는 스스로 정리할 수 있도록 도와준다.	- 수수밥,순두부국,돈육케첩조림,호박새우젓나물
12:20~14:50 낮잠준비 및 낮잠	- 교실에서는 차례대로 양치질과 소변, 얼굴을 씻고 그 후 옷(편한 옷)을 갈아입는다. - 영아들이 쉽게 잠들도록 토닥여주거나 책을 들려준다.	- 잠자는 음악 - 이불, 베개 - 칫솔, 치약
14:20~15:10 낮잠 깨기 및 화장실 다녀오기	- 일어난 영아의 잠옷과 이불, 베개를 세탁을 위해 가정으로 보낼 수 있도록 챙긴다. - 먼저 일어난 영아는 화장실에 들어가 소변을 본 후 손을 씻고 나온다.	- 이불, 베개, 잠옷 - 조용한 노래
15:10~15:40 오후 간식	- 위생장갑을 끼고 영아가 골고루 섭취하도록 도와준다. - 다 먹은 영아는 스스로 정리할 수 있도록 도와준다.	- 찐 옥수수, 우유
15:40~17:20 오후 활동	- 야외 놀이터 나가 원하는 놀이기구를 탄다.	- 야외 놀이터
17:20~18:00 추가간식 및 귀가 지도	- 간식이 오면 영아는 간식을 먹으면서 부모님을 기다린다.	- 마드레드, 요구르트
〈관찰일지〉	** / 여 / **는 오늘 실외놀이터에서 활동하는 시간에 선생님과 산책을 하면서 고추를 따고, 익지 않은 조그만 감을 주었다. 놀이하다 **는 긴 고추를 아무렇지 않게 맛보았다. 맵지 않는지 물어봐도 괜찮다고 하였다. 다 놀고 교실 들어가는 시간에 **와 같이 들어가는데 ** 양말 속에 동그랗게 튀어 나와 있어서 "이게 뭐지?"라고 물어보니 **는 "감이야"라고 말하였다. "이걸 왜 여기에 넣었냐?"고 물어보니 "집에 가져갈 거야!"라고 대답하였다. 그 후에도 **는 그 감을 꼭 쥐고 있었고 감이 없어지면 울고 그랬다. 그런데 잠자고 난 뒤 화장실에 있다가 그 감이 밑으로 쏙 들어가 찾을 수 없게 되자 오후 실외놀이터 시간에 또 다시 주워서 들어왔다.	
실습생 소감	전이활동 수업을 진행하였는데 생각보다 많이 못한 것 같아 아쉬웠습니다. 많이 연습하였는데도 아이들 앞에서 말하는 건 쉽지 않습니다. 그래도 부분수업보다 전이활동 수업이 더 재미있었고 아이들의 집중하는 모습 역시 너무 사랑스러웠습니다. 동화를 다 외워서 들려주지 못한 점이 후회되며 올데이 때는 정말 한층 더 준비를 잘해서 오늘의 실수했던 점들을 하지 않도록 하겠습니다.	
지도교사 소감	유아를 조망하는 훈련이 필요합니다. 바른 언어활동이 이루어지도록 하는 방법이 요구됩니다.	

2 학급일과 운영

1) 학급일과

어린이집에서 학급의 하루일과는 12시간에 걸쳐 진행되므로 영유아의 신체적·심리적 상태를 고려하여 무리 없이 구성되어야 한다. 실습생은 보육기관의 유형에 따라 실습 배치된 학급에서 지도교사의 도움으로 연령별 특성에 맞는 일과 운영을 관찰하고 참가하며 실습해 나가는 과정을 따른다.

하루일과에 따라 흥미영역과 실내외에서 이루어지는 두세 살의 영아를 위한 다양한 보육활동을 계획하고 진행할 때 다음과 같은 원리를 고려하는 것이 필요하다(이화여자대학교 교육과학연구소 아동교육연구부편, 2006).

첫째, 일상적인 생활, 일과 관리를 위한 시간, 자유 선택 활동시간, 교사 주도 활동, 짧은 시간의 소집단 활동, 정리정돈, 간식시간, 낮잠, 실외놀이 등이 다양하게 포함되어야 한다.

둘째, 매일 유사한 일과를 계획하고 운영하는 것이 바람직하지만 융통성과 변화를 주어야 한다. 또한 몇 가지 일과 활동은 특별한 시간대에 진행되어야 한다(간식, 점심식사, 화장실가기, 낮잠, 휴식 취하기).

셋째, 일과를 계획할 때 집단의 욕구와 흥미를 고려하되 개별 영아의 개별성에 대한 고려와 개별 영아의 자유를 허용할 수 있도록 시간대와 활동이 조직되어야 한다.

넷째, 새로운 집단이 형성되는 연초에는 가능한 한 간단하게 활동을 계획하고 점차 활동을 추가시킨다.

다섯째, 두세 살 영아를 위해서는 주로 개별 활동을 하되, 몇 가지 대소집단 활동을 시도할 수 있다.

여섯째, 동적 활동과 정적 활동, 구조적 활동과 비구조적 활동, 대소집단 및 개별 활동, 실내와 실외활동 등 보육활동 유형별로 균형을 이루어야 한다. 특히 동적 활동과 정적 활동은 시간대를 번갈아 교대로 제시한다.

2) 영아반

영아기는 신뢰감이 형성되고 양육자와 애착이 형성되는 시기이므로 영아들이 갖는 발달적 특성과 욕구가 반영되는 프로그램으로 운영되어야 한다. 영아는 이 시기에 부모와 떨어져 있게 되므로 심리적 안정감을 느낄 수 있도록 보호해 주는 것이 가장 중요하다. 또한 영아의 요구나 민감한 개별적 특성과 욕구에 반응해 주어야 한다.

영아는 독립적 욕구도 강한 반면 의존적 성향도 강한 시기이므로 이에 유의해야 한다. 이들은 끊임없이 움직이며 강한 호기심과 탐색 욕구를 보인다. 따라서 교사는 이러한 영아의 발달 특성을 이해하고 건강하게 성장할 수 있도록 도와주는 조력자와 안내자의 역할을 수행해야 한다.

만 2세반 일과 운영의 특성과 유의점은 다음과 같다(여성가족부, 2007).

• 등원 시

등원 준비단계로 보육교사는 부모 전달 내용을 보육실에 붙이고 전달사항이나 투약의뢰서를 확인한다. 영아를 맞이할 때 위험 요소가 없는지 살펴보고 보육실 환기, 온도 습도를 조절한다.

등원 맞이하기는 영아와 보호자를 밝은 표정으로 대하고 편안한 분위기에서 부모와 인사 나누도록 돕는다.

• 일상적 양육 시

배변 및 손씻기 활동은 수시로 일어나며 배변 실수를 할 때 교사의 따뜻한 태도가 요구된다. 영아 스스로 손씻기 활동하는 경우 옷을 적시지 않도록 도와주며 간식과 식사 전에는 교사도 손씻기를 적극적으로 한다.

간식은 두 차례 제공하며 영아의 식사량을 파악하여 배식하고 즐거운 식사 분위기를 조성한다.

식사 후 양치지도를 하고 투약의뢰가 있는 영아는 투약 후 보고서에도 기록한다.

낮잠과 휴식은 영아의 면역력에 중요하므로 수면활동에 도움 되는 환경, 수면습관을 염두에 두고 지도한다. 영아가 잠에서 깨어날 때 안아주고 배변할 수 있도록 도와주고 자는 영아에게 방해되지 않도록 조용한 놀이로 지도한다.

- **실내놀이활동 시**

만 2세 영아에게 실내놀이는 하루일과 중 많은 부분을 차지하며 발달에 중요한 의미를 갖는다.

놀이지원을 위해 놀잇감에 대한 관심과 놀이행동 수준을 관찰하고 만족감을 갖는지 영아를 보고 웃어주거나 고개를 끄덕이는 등 반응을 보여 긍정적인 정서를 갖도록 도와준다. 또한 개별적 영아 감정의 변화에 민감하게 반응하여 화장실, 물 등 생리적인 욕구를 해결하도록 배려하고 건강상태와 기분에 따라 적절한 도움을 주도록 한다.

영아의 부정적인 정서로 인한 분쟁이 발생되지 않도록 미리 예방하고 감정을 수용하며 안전하게 놀이하도록 지도한다. 놀이시간 마치기는 미리 노래나 표시로 알려주어 자연스럽게 유도하며 만 2세 전이시간에는 영아가 주의 집중하도록 손 유희, 노래부르기, 동작활동 등 실시한 후 다음 일과를 말해준다.

- **실외놀이활동 시**

실외놀이활동은 개방되어 있어 영아들의 긴장감 완화와 즐거움을 준다. 기어오르기, 달리기, 자전거타기 등 신체활동과 모래놀이, 자연물 탐색, 그림그리기, 공원 및 숲 산책 등 다양한 놀이가 안전하게 이루어지도록 지도한다.

- **귀가 및 가정과의 연계 시**

귀가는 영아와 헤어지는 시간이므로 간단한 인사를 유지하며 약속된 보호자를 확인하고 영아 상태에 대해 이야기나 일일보고서를 통해 전달한다.

어린이집 하루일과의 마무리는 보육일지의 작성과 다음 날 보육계획안에 따른 준비로 이루어진다. 하루 보육활동의 내용과 평가를 보육일지에 기록하고 다음 일과를 위하여 일일보육계획안을 작성한다. 이때 필요에 따라 놀이실을 정리정돈하고 놀잇감도 준비하여야 한다.

(1) 3~12개월 보육일정의 예

시간	주요일과	활동계획
7:30~9:30	등원	· 영아를 맞이하고 부모와 대화
	개별 활동 잠자기	· 영아가 좋아하는 장난감으로 놀이 · 피곤한 영아는 개별로 잠자기
	기저귀 갈기 정리정돈	· 기저귀를 갈고 배변 상태를 기록 · 배변 기저귀 갈기 및 교사 손 씻기
9:30~10:00	오전 수유 및 간식	· 개인별 이유 및 수유, 간식은 월령별로 선택
10:00~11:20	오전 낮잠 기저귀 갈기	· 낮잠 및 휴식
11:20~12:00	산책	· 영아들과 어린이집 주변 탐색, 날씨좋은 날은 나들이
12:00~13:00	점심(이유식, 죽, 밥)	· 턱받이를 하고, 월령에 맞추어 점심 먹기
13:00~14:00	오후 개별 활동	· 발등 밟고 걷기, 종이 찢기, 끼적거리기 · 종이 구기기, 장난감 탐색 등
14:00~16:00	낮잠준비 및 낮잠	· 기저귀 상태 확인 후 기저귀 갈기 · 일어나면 기저귀 확인
16:00~17:00	간식 및 오후 수유	· 개인별 이유 및 수유, 간식은 월령별로 선택
17:00~18:00	귀가준비	· 귀가준비 및 소지품 정리, 부모님께 전달사항 · 보호자가 오는 순서대로 귀가 · 자유롭게 놀이
18:00~19:30	정리정돈	· 실내 정리정돈 · 장난감, 침구 소독

(2) 13~24개월 보육일정의 예

시간	주요일과	활동계획
7:30~9:00	등원 및 건강 관찰	· 교사와 인사 · 부모님과 인사하며 헤어지기 · 영아의 건강 상태를 살피고 관찰
9:00~10:00	자유놀이	· 대·소근육 활동 · 탐색활동 · 사회·정서 활동
10:00~10:30	오전 간식 정리정돈 및 대소변 가리기	· 손 씻기 · 간식을 스스로 먹기 · 배변하기
10:30~11:30	산책 및 실외놀이	· 땅바닥에서 왔다 갔다 걸어 보기
11:30~12:30	점심	· 손 씻기 · 숟가락을 사용하여 스스로 먹기 · 뒷정리(자신의 점심 그릇을 갖다 둠)
12:30~15:30	화장실 가기 및 낮잠	· 대변하기 · 낮잠 및 휴식
15:30~16:00	정리정돈 및 화장실 가기 오후 간식	· 낮잠에서 기분 좋게 깨기 · 영아용 변기를 사용하거나 화장실 다녀오기 · 손 씻기 · 간식 스스로 먹기
16:00~17:30	오후 자유놀이	· 언어활동 : 그림책 보기 – 모두들 잘자요 · 창의적 활동 : 산토끼 노래 들으며 딸랑이 흔들어 보기 · 신체적 활동
17:30~19:30	휴식, 귀가준비 및 귀가	· 휴식 및 장난감 치우기 · 귀가준비 및 인사

(3) 25~36개월 보육일정의 예

시간	주요일과	활동계획
7:30~9:00	등원 및 건강 관찰 자유놀이	· 영아를 따뜻하게 맞이하고, 영아의 심신 상태를 점검 · 개별로 컵 쌓기, 인형놀이, 책보기, 퍼즐 맞추기 등 놀이
9:00~9:15	대소변 가리기, 손 씻기	· 스스로 손 씻기 · 배변하기
9:15~10:30	오전 간식	· 간식준비와 뒤처리를 영아 스스로 하도록 격려 · 감사하는 마음으로 제자리에서 먹기
	오전 실내 자유놀이 산책	· 대·소근육 활동 · 언어활동 : 동화 · 탐색·학습 활동

시간	주요일과	활동계획
10:30~11:30	대그룹 활동	· 이야기 나누기, 동화듣기, 율동, 새 노래, 작업 등
11:30~12:30	점심준비 및 점심	· 손 씻기 · 숟가락을 사용하여 스스로 먹기 · 뒷정리(자신의 점심 그릇을 갖다 둠)
12:30~13:00	이 닦기 대소변 가리기	· 점심 후 스스로 이 닦기 · 대소변 가린 후 손 씻기
13:00~15:00	낮잠 및 휴식	· 자장가 들으며 잠자기
15:00~15:30	정리정돈 및 대소변 가리기	· 정리정돈 돕기 · 대소변 가린 후 손 씻기
15:30~17:00	오후 간식 실내 자유놀이	· 감사하는 마음으로 예의 바르게 먹기 · 탐색·학습 활동 · 대·소근육 활동
17:00~18:00	오후 실외 자유놀이	· 실외 미끄럼 타기, 바깥놀이
18:00~19:30	귀가준비 및 귀가	· 자기 물건 챙기기 · 선생님과 인사하기 및 귀가

3) 유아반

유아를 위한 일과의 운영은 유아들이 따뜻한 보호와 교육적 경험이 동시에 이루어질 수 있도록 풍부한 환경을 제공하여 교사와 유아, 유아와 유아, 유아와 교구 간의 다양한 상호작용이 이루어지도록 계획한다. 하루의 활동은 정적인 활동과 동적인 활동, 개인 활동과 소집단 활동, 실내놀이와 실외놀이의 균형이 고려되어야 한다(이숙재, 2004).

만 3~5세의 유아를 위한 유아기 보육 프로그램은 우리나라의 표준보육과정, 유치원 교육과정 그리고 공통 누리과정 내용을 기초로 하여 일과 운영에서 보육의 특성을 반영하는 것이 바람직하다.

유아기 중 3세는 일상생활에서 자조 능력을 숙달하는 시기이다. 호기심과 동기 유발이 되어 주변 환경을 탐색하고 자발적인 움직임이 많아진다. 이러한 탐색 욕구와 독특한 개성과 욕구를 존중하여 줄 때 유아는 자신을 가치 있는 존재로 인식하고 스스로 독립적이 된다. 교사는 이러한 시기에 온화하고 수용적인 상호작용자로서 유아를 대하여 유아가 편안하고 안정된 가운데 자신의 능력을 키워 나가게 하여야 한다.

4~5세가 되면 유아는 타인과 긴 대화가 가능하고 사회성이 급속히 발달하게 된다. 인지적으로는 과학적·수학적 원리를 배우는 능력이 향상되고, 또래와 조작적 놀이가 가능해진다. 호기심이 더 많아지고 적극적이며 주도적으로 행동하려 한다. 교사는 이러한 발달을 이해하고 유아의 능동성, 주도성, 호기심 등을 격려하고 조력함으로써 유아가 스스로 능력을 계발할 수 있도록 도와준다.

(1) 4세 보육일정의 예

시간	주요일과	활동계획
7:30~9:50	등원 및 자유놀이	· 등원하는 유아를 반갑게 맞이하기 · 영역별 활동(조작, 수, 과학, 작업, 역할, 놀이, 언어 등) · 휴식이 필요한 유아는 조용한 곳에서 휴식
9:50~10:00	정리 및 화장실 다녀오기	· 질서 지키며, 화장실 다녀오기
10:00~10:20	오전 간식	· 감사하는 마음으로 예의 바르게 먹기
10:20~11:00	산책	· 질서를 지켜 다녀오기, 안전사고 주의
11:00~12:00	대집단 활동 1 대집단 활동 2	· 이야기 나누기, 동화, 음률, 작업, 신체활동, 요리활동, 과학활동 등
12:00~13:00	점심식사	· 올바른 식습관 형성 · 감사하는 마음으로 예의 바르게 먹기
13:00~14:00	영역별 자유활동	· 영역별 활동(조작, 수, 과학, 작업, 역할, 놀이 등)
14:00~16:30	낮잠 및 휴식	· 자장가 들으며 잠자기 · 휴식 취하기
16:30~17:00	오후 간식	· 감사하는 마음으로 골고루 먹기
17:00~18:00	하루 평가 및 귀가	· 부모님이 오시는 순으로 개별 귀가 · 영역별 자유놀이
18:00~19:30	정리정돈	· 교실 정리정돈 · 침구, 장난감 정리

(2) 5세 보육일정의 예

시간	주요일과	활동계획
7:30~9:50	등원 및 자유놀이	· 등원하는 유아를 반갑게 맞이하기 · 영역별 활동(조작, 수, 과학, 작업, 역할, 놀이 등) · 휴식이 필요한 유아는 조용한 곳에서 휴식
9:50~10:00	정리 및 화장실 다녀오기	· 질서 지키며 화장실 다녀오기
10:00~10:20	오전 간식	· 감사하는 마음으로 예의 바르게 먹기
10:20~10:45	산책	· 자연의 변화 관찰하기 · 질서를 지켜 다녀오기, 안전사고 주의
11:00~12:30	대집단 활동 1 대집단 활동 2	· 이야기 나누기, 동화·동시 듣기, 음률, 작업, 신체표현 · 요리활동, 과학활동, 미술활동 등
12:30~13:30	점심식사 및 정리	· 올바른 식습관 형성 · 감사하는 마음으로 예의 바르게 먹기
13:30~14:30	유희실	· 놀이시설을 이용한 활동
14:30~15:30	집단활동	· CD-i, VTR 등을 이용한 학습지도
15:30~16:30	오후 간식 및 자유놀이	· 감사하는 마음으로 골고루 먹기 · 영역별 활동
16:30~17:00	하루 평가	· 하루의 활동 평가 및 내일 계획하기
17:00~18:00	귀가 및 자유놀이	· 부모님이 오시는 순으로 개별 귀가 · 영역별 자유놀이
18:00~19:30	정리정돈	· 교실 정리정돈 · 침구, 장난감 정리

(3) 장애아 통합유아반 일정

시간	주요일과	활동계획
7:30~9:50	등원 및 자유놀이	· 등원하는 유아를 반갑게 맞이하기 · 영역별 활동(조작, 수, 과학, 작업, 역할, 놀이 등) · 휴식이 필요한 유아는 조용한 곳에서 휴식
9:50~10:00	정리 및 화장실 다녀오기	· 자기 차례를 기다리며 화장실 다녀오기 · 장난감 보관 위치를 기억하여 제자리에 넣기
10:00~10:20	오전 간식	· 간식 그릇을 가지고 자기 자리 찾아가기 · 바르게 앉아 먹기
10:20~10:45	산책	· 자기 옷을 스스로 찾기 · 자연의 변화 관찰하기 · 질서를 지켜 다녀오기 · 위험물을 피하며 안전에 유의하기
11:00~12:30	대집단 활동 1 대집단 활동 2	· 이야기 나누기, 동화·동시 듣기, 음률, 작업, 신체표현 · 요리활동, 과학활동, 미술활동 등 · 수정된 계획 범위 안에서 활동에 관심을 갖고 참여하기
12:30~13:30	점심식사 및 정리	· 모든 식사를 스스로 끝마치기 · 식판과 몸의 거리를 적당하게 유지하며 바른 자세로 식사하기
13:30~14:30	유희실	· 위험물이 다가왔을 때 피하기 · 놀이시설을 안전하게 사용하기
14:30~15:30	집단활동	· 활동 중에는 이탈 없이 자기 자리 지키기 · 학습활동에 관심 갖고 쳐다보기
15:30~16:30	오후 간식 및 자유놀이	· 주어진 음식은 편식하지 않고 골고루 먹기 · 영역별 활동
16:30~17:00	하루 평가	· 하루의 활동 평가 및 내일 계획하기
17:00~18:00	귀가 및 자유놀이	· 부모님이 오시는 순으로 개별 귀가 · 자기 옷을 찾아오기, 가방 정리하기 · 영역별 자유놀이
18:00~19:30	정리정돈	· 교실 정리정돈 · 장난감 위치를 기억하여 제자리에 넣기

3 주별 보육실습과정

어린이집은 실습생이 흥미영역과 대소집단 활동에서 골고루 경험할 수 있도록 하며 실습종료 전까지 반일수업을 계획하고 실시해 보는 것을 일반적인 실습활동으로 구성한다. 영유아의 연령, 각각의 상황에 따라 융통성 있게 실습기관과 실습생은 조정 협의하여 운영하도록 한다.

1) 보육지도내용 및 실습일정

원장 또는 주임교사는 어린이집 보육 철학 및 프로그램 등 실습 경비에 대한 안내를 한다(실습비 사용 기준, 교재교구 재료 준비 및 활용 정도, 경비사용 등).

실습 지도교사는 어린이집 현황 및 실습생 태도 준수 및 근무자세 등을 설명하고 보육실습 일정(관찰, 부분수업, 연계수업, 반일수업)을 협의한다. 또한 일과 운영에서의 실습교사의 바람직한 역할과 보육교직원과의 대인관계 등을 지도한다. 일일 보육활동에 대한 평가, 전반적인 보육실습평가, 실습교사의 자기평가가 이루어지도록 도움을 주고 지도한다.

실습교사는 영유아의 관찰 뿐 아니라 다양한 수업활동을 하게 된다. 부분수업을 통하여 동화, 노래, 동시, 게임, 실외활동 등의 활동부터 경험하며 차차 이야기 나누기, 동극, 과학실험, 동작활동, 요리 등의 활동을 차례대로 경험해 보도록 한다. 연계 수업은 반일 수업 전 경험하는 과도기적인 과정이며 진행할 때 하루일과에 대한 전반적인 이해가 있어야 확장, 전이, 주의집중을 활용할 수 있다. 또한 반일 수업은 일과 시작부터 점심시간 전까지 과정으로 정규실습을 마무리하는 실습의 핵심이다.

실습교사는 4주차에는 반일수업을 계획하게 되는데 부분수업 1회 이상과 일과 시작부터 점심시간 전까지 활동을 반일 수업으로 규정하여 실습교사가 스스로 계획 준비하여 실행해 보는 과정을 진행하는 실습기관 요구도 있으므로 각각의 상황에 따라 융통성 있게 실습기관과 실습생은 조정 협의하여 보육실습의 효과를 거두고 보육활동 실천계획을 실천하도록 한다.

다음은 1주부터 4주까지의 주차별 보육실습일정 내용이다. 실습종료까지 관찰, 부분수업, 연계수업, 반일수업 등의 실천적 보육활동을 제시한다.

2) 주별 보육실습일정

일정	내 용
1주	〈관찰〉 하루일과 관찰, 교사역할 관찰 〈2주 수업계획 및 검토〉 부분수업에 대한 보육활동계획안 작성 및 검토 수업에 필요한 어린이집 자료 파악 및 교재교구 준비
2주	〈부분수업〉 흥미영역 또는 대소집단(전이활동) 진행 수업에 대한 평가 : 지도교사 및 실습교사 〈3주 수업계획 및 검토〉 부분수업에 대한 보육활동계획안 작성 및 검토 수업에 필요한 어린이집 자료 파악 및 교재교구 준비
3주	〈부분수업 · 연계수업〉 부분수업 1회 이상과 연계수업 1회 이상 진행 수업에 대한 평가 : 지도교사 및 실습교사 〈4주 수업계획 및 검토〉 부분수업에 대한 보육활동계획안 작성 및 검토 반일수업에 대한 보육활동계획안 작성 및 검토 수업에 필요한 어린이집 자료 파악 및 교재교구 준비
4주	〈부분수업 · 반일수업〉 부분수업 1회 이상과 일과 시작부터 점심시간 전까지 활동을 반일 수업으로 규정하며 실습교사가 스스로 계획 준비하여 실행해 보는 과정 1회 진행 수업과 관련된 환경구성 및 수업 필요 교재교구 준비 수업에 대한 평가 : 지도교사 및 실습교사 〈실습종료〉 실습교사에 대한 평가표, 최종 평가자료, 성적표, 일지, 출근부, 보육실습확인서 등 총정리

04 보육실습의 평가

1. 교육활동평가
2. 실습평가서
3. 자기평가

1 교육활동평가

교육활동을 평가받는다면 기대한 만큼의 좋은 결과를 바랄 것이고 또 열심히는 했는데 결과에는 자신이 없다는 반응도 있을 것이다. 또 최선을 다하지 못해서 결과가 나쁠 것 같다고 예상하며 불안해하고 스트레스를 받기도 하지만 평가과정을 통해서 자신을 돌아보며 성장하고 발전할 수 있는 기회가 될 수 있다.

보육실습의 평가도란 실습생의 자기 발전을 위해서 꼭 필요한 과정이다. 실습기간 동안의 자신을 객관적으로 바라보며 어떤 장점과 단점을 가지고 있고 앞으로 어떻게 고치거나 더 발전시킬지에 대한 계획도 세울 수 있다.

따라서 실습의 평가는 실습생 자신의 평가뿐만 아니라 실습 지도교수(대학)와 실습기관에서의 원장, 지도교사 등 모든 실습 참여자들에 의해 이루어져야 한다.

보육실습을 평가하는 목적은 실습생들로 하여금 보육교사가 되기 위하여 전문적인 지식과 자질을 키우는 데 있지만 다음과 같은 효과도 얻게 된다(박낭자 외 8인, 2006).

- 교사가 되기 위한 실습생의 자기 발전의 정도를 파악한다.
- 실습생들에게 교사가 되기 위한 동기를 갖게 한다.
- 실습활동에 대한 필요성과 효과지도 원칙에 대해 검토하고 개선점을 찾는다.
- 실습기관에 대한 정보와 자료를 제공받을 수 있다.
- 보육교사 자격 취득을 위한 학과목 이수를 인정받게 된다.

대학에서 정규실습(본 실습)이 끝난 후에 보육실습기관에서 작성한 실습평가서와 실습생이 제출한 실습일지와 각종 자료, 실습기관 방문지도 후의 지도교수 평가자료에 근거하여 최종 평가를 한다.

보육실습의 평가단계에서 주목해야 할 부분은 보육실습이 얼마나 성공적으로 이루어졌는가이다. 실습기관과 대학에서 철저히 관리하고 효율적으로 보육실습을 실시하였다면 당연히 성공적인 결과가 나올 것이다. 그러나 성공 여부의 중요한 요인은 실습생이 얼마나 열의를 가지고 스스로 노력하는지에 있으므로 효과를 극대화하기 위해서는 실습생의 자기평가과정이 필요하다.

실습생 평가 시 고려해야 할 점이 많다. 다음은 몇 가지 범주에 의하여 평가의 항목을 정리한 것이다(이선경 & 이은정, 2008).

(1) 교육활동에 대한 수행능력

- 교육활동 목표에 적합한 계획을 수립하였는가?
- 정확하고 세밀한 교육계획과 보육활동계획안을 작성하였는가?
- 필요한 교육자료와 교구를 충실히 준비하였는가?
- 도입, 전개, 마무리와 같은 체계적인 교육방법을 실행하였는가?
- 영유아의 반응에 맞게 적절하게 대응하였는가?
- 영유아 관찰 조사 결과를 실제 지도에 활용하였는가?
- 적당한 시기에 활동에 대한 평가방법을 사용하였는가?
- 교실 내의 정리정돈과 환경구성에 노력하였는가?

(2) 실습기관에 대한 준수사항

- 실습생으로서의 바른 자세와 품위를 유지했는가?
- 출퇴근에 관한 준수사항을 지켰는가?
- 원장 및 지도교사와의 관계가 원만하였는가?
- 실습기관의 보육방침을 이해하고 적극적으로 협력하였는가?
- 각 활동에 따른 지도교사의 평가를 숙지하고 지도에 따랐는가?
- 각종 문서를 정확히 기록하고 보관하였는가?

(3) 영유아에 대한 준수사항

- 영유아를 잘 파악하고 그들의 개성을 존중하여 사랑으로 대하였는가?
- 영유아에게 공평하게 대하였는가?
- 영유아에게 모범이 되는 생활태도를 보였는가?

2 실습평가서

1) 보육실습기관 측의 평가

실습기관의 원장이나 지도교사는 대학에 제출할 실습생 평가서를 기록할 때 많은 생각으로 주저하게 된다. 보육교사 역할에 필요한 능력과 자질을 생각하면 객관적으로 점수를 주어야 한다.

이런 평가의 단계에서 실습기관이 지켜야 할 사항은 다음과 같다.

- 실습기간 동안 실습생을 주의 깊게 지속적으로 관찰한 평가기록을 보관하여야 한다.
- 보관한 자료를 근거로 충실히 검토하여 타당성과 신뢰성이 있는 평가를 해야 한다.
- 인간적인 감정이나 형식적인 평가에 그치지 말고 정확한 기준에 맞춰 평가해야 한다.

이상의 평가사항을 고려하여 보육실습기관에서는 주차별 실습내용을 근무태도, 보육활동계획과 실행, 예비보육교사로서 역할 수행, 보육실습일지 작성에 대한 실습평가를 항목별 5점 배분표로(100점 총점) 세부적으로 구체적으로 평가하여(〈표 4-1〉 참조) 최종 보육실습결과보고서 작성의 기반 정보로 사용할 수 있다.

〈표 4-1〉 **보육실습평가서 예시**

보 육 실 습 평 가 서

성　　　명 :
생 년 월 일 :
보육실습기관명 :
보육실습기간 : 20 년 월 일 ~ 20 년 월 일

평가영역(배점)	평가항목		배점	점수
근무태도와 자질 (20점)	근무사항	출석, 결석, 지각, 조퇴 등	5	
	태도	성실성, 근면성, 친절, 적극성, 복장 및 용모, 예절	5	
	자질	영유아 존중, 책임감, 인성, 열의	5	
	관계형성	실습 지도교사와의 관계 동료 실습생과의 관계	5	
보육활동 계획과 실행 (30점)	보육활동 계획	영역별, 반일(일일)보육활동 계획의 적합성과 충실한 준비	15	
	보육활동 실행	영역별, 반일(일일)보육활동의 효과적이고 적절한 실행 정도	15	
예비보육 교사로서 역할수행(30점)	영유아 행동 및 놀이 관찰, 보육환경 관찰		5	
	보육일과 진행 보조와 일상생활지도		10	
	영유아 상호작용과 놀이 참여		15	
보육실습일지 작성(10점)	구체적이고 충실한 보육실습일지 작성과 일일자기평가 및 지도교사 평가 반영		10	
총평(10점)	실습기간동안 예비보육교사로서 향상 정도		10	
총 점			100	

년　　월　　일

보육실습 지도교사 :　　　(인)
어린이집(유치원) 원장 :　　　(인)

2) 대학 측의 평가

대학에서는 실습생의 실습결과에 대한 최종적인 평가를 하게 된다. 우선 보육실습기관에서 제공하는 주차별 실습내용과 실습 항목평가를 기초한 근무태도, 보육활동계획과 실행, 예비보육교사로서 역할 수행, 보육실습일지 작성에 대한 결과를 4개 범주로만 구분하여 '보육실습결과보고서'로 작성하여 실습기관으로부터 요청하여 실습지도교수의 과목 평가 정보로 활용할 수 있다(〈표 4-2〉 참조). 또한 실습생들이 제출한 각종 과제물, 자료, 지도교수 자신이 실습생을 평가 기록한 자료에 근거하여 최종 평가를 실시한다.

대학에서는 보육실습기관 측의 실습생 평가기준을 동일하게 사용할 수도 있으나, 현행법('14.3.1 시행)에 따라 보육실습 교과목 및 학점 기준이 3학점으로 변경되고 앞으로 실습시간 확대 변경 등을 감안하여 실습과목을 이론수업과 보육현장실습으로 운영하여 보육실무영역의 교과목 특성을 강화하여 평가기준에 반영할 수 있다.

〈표 4-2〉 **보육실습결과보고서**

보육실습결과보고서

1. 실습기관명 :

2. 실 습 기 간 :

3. 지 도 교 사 :

직명	성명	담당내용	비고

4. 실 습 내 용 :

제 1 주	제 2 주	제 3 주	제 4 주

5. 실 습 교 사 :

성 명	근무태도 (20%)	보육활동 계획과 실행(30%)	예비보육교사로서 역할수행(30%)	보육실습일지 작성(10%)	총 평 (10%)	합 계 (100%)

위 사실을 증명함.

년 월 일

실습기관 : 원장 (인)

위 사실을 확인함.

년 월 일

****** 대 학 교 ***** 과**

3 자기평가

보육실습생은 자기 반성적 평가를 통하여 한층 성숙되고 자신에 맞는 진로에 대한 확신을 할 수 있으므로 솔직한 평가와 진지한 기록은 무엇보다 중요하다. 자신에게 주어진 보육실습 기간을 종료하면서 그동안 경험한 내용을 자유롭고 진솔하게 기록한다. 실습 동안에 느꼈던 점, 깨닫게 된 점, 대학 측에 대한 요망사항, 보육교사로서의 마음가짐 등을 기록한다.

보육실습생은 실습의 전체 과정을 자신의 능력과 적성 및 자질을 발견할 수 있는 계기로 삼아야 한다. 또한 실습을 통하여 확고한 또는 새로운 진로를 결정하게 된다. 자기평가는 실습을 마친 후 예비교사로서 아래와 같은 다양한 측면을 고려하며 직접 작성한다.

- 영유아의 발달과 행동에 대한 이해의 측면
- 보육활동의 기술적 향상의 측면
- 영유아의 개인차와 발달의 원리를 활용하는 측면
- 감정조절 및 배움의 자세 측면
- 학습 진단에 대한 이해 측면
- 교수-학습 자료의 효율적 이해의 측면, 학급관리 측면
- 영유아의 조화로운 성장발달을 돕는 측면
- 적절한 평가의 측면, 교직 수행에 대한 신념의 측면 등과 관련하여 지난 보육실습기간을 되돌아보며 교사로서의 자신에 대한 평가를 솔직하고 객관적으로 한다.

〈표 4-3〉 보육실습생 자기평가표 예시

평 가 항 목	1	2	3	4	5
1. 보육목표에 맞는 보육내용을 영유아 흥미와 수준에 맞게 선정했는지?					
2. 영유아 흥미와 능력, 사건경험을 관찰하여 지도계획이 수립되었는지?					
3. 보육활동계획안이 적절하게 계획 실행되었는지?					
4. 보육활동계획안에 따라 자료준비가 충실하게 되었는지?					
5. 영유아 행동을 민감하게 파악하고 상호작용에 최선을 다했는지?					
6. 다양한 흥미영역에 참여하여 놀이가 지속되고 확장되도록 촉진하였는지?					
7. 왕성한 학습의욕을 일으키도록 동기유발이 잘 되었는지?					
8. 다양한 교수법을 활용하여 교육효과를 올릴 수 있었는지?					
9. 부정적 정서나 갈등상황을 파악하여 긍정적으로 해결되도록 하였는지?					
10. 영유아 개별적 특성, 개인차를 고려한 지도를 하였는지?					
11. 아동 존중 언어를 사용하며 발음이 분명하고 고저나 빠르기가 적당하여 아동의 주의를 이끌고 갈 수 있었는지?					
12. 실습일지, 활동계획, 관찰, 평가를 성실히 기록하였는지?					
13. 아동들의 안전과 위생에 신경을 썼는지?					
14. 아동들의 활동참여, 놀이유형, 또래관계 등을 관찰하여 그 결과를 지도에 활용했는지?					
15. 교실의 통풍, 채광, 청소 등 위생적인 환경구성을 배려했는지?					
16. 실습기관의 지도방침에 적극 협력했는지?					
17. 지도교사와의 관계를 원만히 유지하며 성실하였는지?					
18. 영유아 수준과 흥미에 적합하도록 다양한 문헌정보를 연구하였는지?					
19. 실습 동료들과 잘 협력하도록 노력하였는지?					
20. 아동들과 친밀해지고 신뢰받게 되고 나아가 존경받게 되었는지?					

※ 이는 자기반성을 위한 평가이기 때문에 자기행동을 가능한 한 객관적으로 평가할 것. 이 평가표는 장래 교사생활의 반성자료로 활용해 주기 바람.
평가요령: 5 → 대단히 좋다. 4 → 좋다. 3 → 보통이다. 2 → 나쁘다. 1 → 아주 나쁘다.

05 일과 활동에 대한 이해와 지식

1. 일과 활동에 대한 이해
2. 사회생활 예비지식

1 일과 활동에 대한 이해

1) 등원시간

등원은 아동이 엄마와 분리되는 동시에 어린이집 생활을 시작하는 시간으로 등원 시 아이의 기분이나 감정이 어린이집에서의 하루 생활을 좌우하게 되므로 교사의 예리한 관찰력이 요구된다.

영아의 경우 부모와 편안하게 헤어질 수 있도록 밝고 따뜻한 관심과 사랑을 표현한다. 또한 지난밤부터 기관에 올 때까지 투약시간, 아침식사 여부 등 중요한 기록사항을 듣고 개인기록부에 적는다.

따라서 등원시간을 위한 예비교사의 행동지침은 다음과 같이 제안할 수 있다.

- **지도교사를 도와 영유아가 등원하기 전에 어린이집과 환경을 재점검한다.**

예비교사는 등원하는 영유아와 학부모를 맞이하기 전에 현관, 출입구, 계단, 신발장 등이 청결한지를 점검한다. 또한 날씨에 따라 아동들의 이동 통로에 장애물이나 위험물은 없는지, 교실환기는 잘 되어 있는지, 교구나 실습기관에 하자는 없는지 등을 재점검한다.

지도교사가 하루일과 계획이나 다른 업무로 인하여 세밀하게 관심을 갖지 못하는 부분도 민감하게 파악하여 대처하도록 한다. 장애유아의 경우, 예비교사는 장애유아의 신발장이나 가방 둘 위치를 미리 파악하여 아동이 스스로 정리하는지 확인하고, 자리를 찾지 못하는 경우 단서를 제공하여 정리할 수 있도록 한다.

- **영유아 등원 시 밝고 친근하게 맞이한다.**

등원 시 예비교사는 지도교사를 도와 영유아가 엄마와 잘 분리되고 즐거운 마음으로 어린이집 생활을 시작할 수 있도록 밝고 친근한 얼굴로 맞이한다.

분리에 대한 불안감이나 감정이 안정되지 않았을 때 거짓말을 사용하거나 학부모와 억지로 떼어 놓지 않도록 주의한다.

- **영유아를 주의 깊게 관찰한다.**

영유아 등원 시 일대일로 접촉하면서 주의 깊게 관찰하여 영유아의 심리 상태, 건강 상태, 문제 등을 발견하고 체크한다. 기분이 좋지 않은 영유아의 경우, 좋아하는 장난감을 주거나 함께 놀아주고, 마음을 위로해 주도록 노력하여야 하며 안아주기, 손잡아 주기 등 신체적인 접촉을 반복적으로 한다.

장애유아는 등원 시 기분에 따라 그 이후의 활동에 많은 영향을 끼치기 때문에 아침 등원 시 기분을 더욱 유심히 살펴볼 필요가 있다. 특히 공연장 등의 외부 체험활동이 있을 경우 놀라거나 감정의 변화가 크지 않도록 예리하게 관찰한다.

- **영유아의 소지품이나 약 등을 꼼꼼히 챙기고 확인한다.**

영유아는 등원 시 일일수첩, 부모님의 메모, 연고, 여벌 옷 등 생활하는 데 필요한 소지품을 가지고 등원하는 경우가 많다. 또한 등원 시 아침을 먹지 않아 간식을 따로 가지고 오기도 한다. 이때 예비교사는 지도교사를 도와 영유아가 무엇을 가지고 왔는지, 약은 언제 먹여야 하는지, 부모님의 특별한 메모는 없는지 등을 자세히 확인하고 지도교사에게 알린다.

장애유아는 부모가 교사에게 전달하는 메시지나 알림장, 약 등을 스스로 전달하지 못하는 경우가 많다. 따라서 예비교사는 유아가 가방을 정리한 후 가방 안을 다시 확인하고, 약 복용 시 먹는 방법을 유심히 체크해야 한다.

- **등원 시 영유아가 자신의 물품을 스스로 정리하도록 돕는다.**

어린이집에 준비되어 있는 신발장과 개인 사물함에 영유아가 스스로 신발과 가방 및 겉옷을 정리하도록 한다. 학기 초 사진이나 이름 등 특별한 표시로 영유아 개인의 자리를 정하여 놓았으므로 등원 시 가방이나 물건, 신발은 스스로 정리하는 습관을 들이도록 돕는다.

장애유아는 특히 자기 물건을 스스로 정리할 수 있는 습관을 형성하는 것이 매우 중요하다. 스스로 잘하지 못한다고 해서 교사가 무조건 다 해주기보다는 작은 것부터 매일 조금씩 일관성 있게 정리하도록 행동 범위를 늘려가게 해야 한다.

• 자유놀이 활동을 잘하도록 적절하게 돕거나 격려한다.

3~4월은 새로운 교실과 선생님, 친구들에게 적응하는 기간이므로 등원 시 낯설어서 자유놀이를 잘 시작하지 못하는 영유아가 있다. 또한 영유아기는 감정조절이 잘 되지 않으므로 학기 중에도 그날의 상태나 반 분위기에 따라 자유놀이 활동에 잘 적응하지 못하거나, 한 영역에 집중적으로 몰리는 경우가 있다. 예비교사는 지도교사를 잘 도와 영유아가 등원 후 적절하게 자유놀이 활동을 시작할 수 있도록 한다.

장애유아는 놀이를 처음 시작하는 방법을 잘 알려주고, 혼자서 놀기보다는 일반영유아와 서로 상호작용할 수 있는 놀이를 유도하면서 교사의 개입을 줄여간다.

• 지도교사가 영유아를 맞이하는 방법을 관찰한다.

예비교사는 언제나 어린이집의 모든 일과 및 지도교사의 행동, 수업방법, 아동과의 상호작용 등을 유심히 관찰하여야 한다. 따뜻하고 친근하게 영유아와 학부모를 맞이하는 것은 교사의 역할 중에서 매우 중요한 부분이므로 지도교사가 학부모와 어떤 표정과 말로 인사하고 상호작용하는지, 영유아를 어떻게 맞이하는지, 하루를 어떻게 시작하는지 등을 꼼꼼히 살펴보도록 한다.

장애유아의 경우, 등원 시 부모와의 상담내용은 대부분 어제 하원을 한 후 일어났던 일과에 대해 이야기하는 경우가 대부분이다. 어제 일어났던 일로 인해 일과 중 그날의 행동에 영향을 미칠 수 있기 때문이다.

2) 자유놀이 시간

자유놀이는 다른 활동과는 달리 아동 자신의 개별적인 흥미, 욕구 및 발달 수준에 따라 원하는 재료를 선택하고 탐색·조작해 보는 능동적인 활동이다. 하루일과 중 핵심이 되는 중요한 시간이며 영유아들이 가장 선호하는 활동이다.

교육적 효과를 중요하게 인식하는 교사는 자유놀이 시간을 잘 활용하여 아이들의 여러 발달적 측면에서 성장하며 학습하려는 의욕을 고취시키도록 준비를 하지만, 이 활동시간을 아이들끼리 노는 시간이라고 생각하고 여분의 교사 준비시간으로 활용하는 일이 일어나지 않도록 한다(이숙재, 2004).

자유놀이의 교육적 효과를 간단히 언급하면 다음과 같다.

① 자유놀이는 영유아의 개별적인 흥미와 요구에 따라 능동적인 학습이 이루어지는 시간이다.
② 영유아의 능력 및 발달 수준에 맞는 학습이 이루어질 수 있는 시간이다.
③ 영유아의 사회적 문제 해결력을 기른다.
④ 상상력과 정서적 순화가 이루어진다.
⑤ 영유아와 영유아, 영유아와 교사와의 긴밀한 상호작용으로 인간관계를 하게 하는 시간이다.
⑥ 하나의 개념을 다양한 영역의 경험을 통해 반복, 통합할 수 있는 교육이 이루어지는 효과적인 시간이다.
⑦ 교사와 영유아의 개별적인 상호작용으로 개인차에 따라 교사와 영유아 간의 긴밀한 상호작용이 이루어지고, 영유아가 중심이 되는 개별학습 시간이다.
⑧ 유아 스스로 선택하고 결정하는 가운데 자율성과 의사결정능력 및 책임감이 형성되는 시간이다.

영아의 경우 등원하는 동안 개별적으로 조용한 자유놀이를 하도록 유도한다. 2~3세 영아들은 스스로 놀이계획을 세우기 어려우므로 교사가 시범을 보이면서 흥미를 유발시켜 준다.

교육적인 자유놀이 시간이 되도록 할 수 있는 예비교사의 행동지침은 다음과 같다.

• 지도교사와 아동들이 지켜왔던 규칙과 약속을 빨리 익힌다.

모든 교사와 아이들이 교실에서 생활하는 방법은 다르다. 예비교사가 기존의 규칙과 약속을 모르고 자유놀이 시간에 개입한다면 아이들이 혼란스러울 수 있다. 예비교사가 생각하기에 옳지 않은 규칙이라도 아이들에게 직접 다른 방향을 제시하기보다는 지도교사에게 먼저 알리는 것이 좋다.

장애아동의 경우, 행동 특성이나 습관, 좋아하는 것, 싫어하는 것 등이 모두 다르다. 예비교사는 아동의 행동 특성을 미리 파악하여 화를 자극하는 사건이나 행동을 사전에 미리 예방한다.

• 아이들 요구는 해도 되는 일과 해서는 안 되는 일의 구분을 명확히 한다.

아이들은 지도교사보다 예비교사를 더 편하게 생각하는 경향이 있다. 하지만 예비교사도 아이들에게는 교사이다. 영유아들의 요구를 무조건적으로 수용하기보다는 기존의 규칙에 따라서 행동하도록 한다.

상황판단이 어려울 때에는 지도교사에게 도움을 청한다.

장애유아의 경우, 모든 것을 예비교사에게 의지하는 경향이 있다. 예비교사 역시 담임교사와 함께 일관된 태도와 규칙을 보여주어야 한다.

• 다른 업무를 보거나 느리게 행동하지 않는다.

자유놀이 활동은 아이들이 가장 재미있어하는 시간이지만, 안전사고가 가장 빈번히 일어난다. 예비교사는 항상 아이들을 전체적으로 볼 수 있도록 시야를 두며 부지런히 관찰하고 언제든지 도와줄 준비가 되어 있어야 하며, 순간적으로 일어나는 사고에 대비할 수 있어야 한다. 장애유아의 경우, 위험한 사고에 대해 스스로 예측하지 못하므로, 더욱 유심히 관찰한다.

• 아이들 분쟁 시 섣부르게 개입하여 독단적으로 판단하지 않는다.

영유아 간의 분쟁이 발생할 경우, 예비교사는 직접 싸움을 해결하려고 하기보다는 중재자의 입장에서 영유아들이 스스로 해결방법을 찾도록 유도한다.

또한 교실에서 일어나는 모든 일은 지도교사와 상의한다.

장애유아는 자유놀이 중에 자기가 갖고 싶은 것이 있으면, 다른 아이들을 생각하지 않고 무조건 장난감을 뺏는 경우가 있다. 예비교사는 장애유아이기 때문에 다른 유아들이 무조건 배려해 주어야 한다는 생각보다는 올바른 규칙을 익히도록 한다.

- **자율적·독립적으로 놀이하도록 지나친 개입을 하지 않는다.**

자유놀이 시간은 장애유아에게 있어 사회성과 언어를 향상시켜 줄 수 있는 최고의 환경 조건이다. 또래아동들과 어울릴 수 있도록 교사의 개입을 최대한 줄이고, 아동이 놀이에 몰입할 수 있도록 영유아를 쳐다보지 않도록 하고, 소리로 관찰한다.

- **소외받는 아이들이 없도록 항상 주의를 기울인다.**

예비교사는 자유놀이 동안 영유아가 놀이계획에 따라 잘 참여하고 있는지 관찰하고, 놀이에 잘 참여하지 못하는 영유아가 있으면 예비교사도 놀이자가 되어 함께 놀이를 시작한다. 다행히 영유아가 어느 정도 놀이에 익숙해지면, 영유아끼리 놀이를 할 수 있도록 예비교사는 조용히 빠진다.

- **자유놀이가 끝난 후 아동 스스로 장난감을 정리할 수 있도록 도와준다.**

자신이 놀고 난 뒤 장난감을 치우거나 물건을 정리하는 습관은 영유아에게 소유의식을 갖게 할 뿐만 아니라, 서로 협동하는 생활을 배우게 하고 책임감을 길러 준다. 따라서 정리시간에 대신 치워 주기보다 영유아가 스스로 정리할 수 있도록 지도한다. 장애유아 역시 일반유아와 같이 혼자서 정리할 수 있도록 지도하고 도와준다.

- **일반아동의 다양한 놀이유형 및 성격, 문제행동 등을 유심히 관찰하고 비교한다.**

장애유아는 또래나 일반유아들과 자유놀이를 하면서 사회적인 기술이나 언어, 행동들을 반복적으로 학습하게 된다. 게다가 일반유아들의 행동 특성들을 모방하여 부적절하거나 부정적인 놀이유형이나 습관이 변화되어 긍정적으로 바뀌지는 경우가 있으므로 자세히 관찰한다.

3) 간식시간

영유아는 소화기관이 미성숙하여 한 번에 많은 양을 섭취할 수 없으므로 1일 3회의 식사만으로는 충분한 영양을 섭취할 수 없다. 간식은 부족하기 쉬운 영양을 보충해 주어 활동에 지장이 없도록 해줄 뿐 아니라 올바른 식사습관 및 식사태도를 길러 준다. 활동량이 많고 발달과정 중에 있는 영유아는 간식과 식사, 휴식이 하루일과에 적절하게 조화되어야 한다(하영수, 이자형 외, 2009).

종일반의 경우 간식은 오전과 오후에 제공되는데, 오전에 제공하는 간식은 아침식사용으로 부드럽고 소화가 잘 되는 것으로 준비하고, 점심식사에 지장을 주지 않아야 한다. 오후 간식은 저녁 늦게까지 귀가하지 못하는 영유아를 위해 조금은 든든한 것으로 준비한다. 간식은 소화가 잘 되고, 수분 및 무기질과 비타민을 충분히 공급하되 시각적 · 미각적 감각에 만족을 줄 수 있는 음식 메뉴를 만든다. 무엇보다도 계절식품 등 신선한 것으로 준비하여야 한다.

간식시간에 예비교사의 행동지침은 다음과 같다.

- **예비교사는 지도교사와 상의하여 간식을 주방에서 가져온다.**

어린이집에 음식을 먹을 수 있는 공간이 따로 있는 경우를 제외하고는 보통 교실에서 먹는다. 예비교사는 간식을 주방에서 가져올 경우 등원한 영유아를 정확히 파악하여 알맞은 간식의 양과 간식 도구를 교실로 가져오도록 한다. 간식을 주방에서 가져오지 않는 경우 예비교사는 영유아가 손 씻는 것을 도와주거나 간식을 먹을 수 있도록 자리를 정돈한다.

- **지도교사를 도와 간식 전에 영유아가 손을 씻도록 돕는다.**

간식시간은 기본 생활습관과 올바른 식사습관 및 식사태도를 길러 주려는 목적이 있다. 음식을 먹기 전에는 예비교사부터 반드시 모범을 보이며, 아동들의 손 씻는 습관을 길러 주어 청결을 생활화한다. 장애유아의 경우, 손을 씻을 때 자기 차례를 기다릴 수 있도록 도와준다. 또한 간단한 행동이지만 스스로 할 수 있도록 언어 중재로 교사의 개입을 줄여나간다.

- **지도교사와 함께 간식을 나누어 준다.**

6~7세의 경우 간식을 나누어 주는 순서가 정해져 있는데 예비교사는 지도교사를 도와 간식이 올바르게 분배되고, 간식을 먹을 수 있는 분위기가 잘 형성될 수 있도록 한다. 영아의 경우 간식 먹기의 모든 과정을 교사가 준비하는데, 예비교사는 영아가 집과 같이 편안한 분위기에서 간식을 먹을 수 있도록 돕는다. 장애유아의 경우, 간식을 자기 자리까지 흘리지 않고 가져갈 수 있도록 도와주고 학급에서 정한 공통 규칙을 지키도록 한다.

- **간식시간에는 감사 표시와 바른 자세를 유지하도록 돕는다.**

간식 먹기는 영양뿐 아니라 음식 예절에 대해서 생각해 볼 수 있는 시간이 되어야 한다. 그러므로 예비교사는 영유아가 바른 자세로 앉아서 간식을 먹고, 돌아다니며 먹지 않으며, 자연스러운 대화를 나누면서 먹을 수 있도록 한다. 또한 적당한 시간 안에 간식지도가 끝나도록 도와준다. 장애유아의 경우, 간식 그릇과 아동의 몸의 위치가 적당하게 유지될 수 있도록 자세를 교정해 준다.

- **간식을 다 먹은 후 지도교사와 함께 정리한다.**

예비교사는 영유아가 간식을 다 먹은 후 스스로 정리하는 것과, 전체 간식 그릇 정리를 돕는다. 지도교사가 간식 그릇을 정리하는 경우 예비교사는 다음 활동을 위해서 아이들을 준비시킨다. 늦게까지 간식을 먹는 영유아가 있을 경우에는 시간을 맞출 수 있도록 돕는다.

4) 이야기 나누기 시간

이야기 나누기는 집단활동의 한 유형으로 영유아들이 교사를 중심으로 모여 앉아 주제에 대하여 생각하고, 자신의 경험이나 느낌을 서로 나누며, 지식의 확장과 사고개념을 구성할 수 있는 시간이다.

친구의 출 · 결석이나 날씨 변화에 대하여 느낀 점을 확인하고 하루의 생활을 소개받고 계획할 수 있는 시간이다. 특히, 이야기 나누기는 예비교사가 참관 수업 후 바로 실제 수업을 이끌어야 하는 영역이므로 영유아들의 발달 수준과 이해력 및 주의집중 정도를 잘 관찰해야 한다.

이야기 나누기 시간의 예비교사 행동지침은 다음과 같다.

- **지도교사를 중심으로 이야기 나누기에 적합한 반원 형태로 앉게 한다.**

이야기 나누기는 보통 교사와 영유아가 마주볼 수 있는 반원의 형태로 앉는다. 영유아는 반으로 나누어서 앞줄은 그냥 앉고, 뒷줄은 의자를 사용하여 앉는 경우도 있다. 이때 예비교사는 지도교사의 지시에 따라 영유아가 앉을 수 있도록 돕는 보조적인 역할을 하는 것이 좋다. 장애유아의 경우 자세를 바르게 유지할 수 있도록 한다.

- **지도교사의 순조로운 진행이 되도록 호흡을 맞춘다.**

이야기 나누기 동안 모든 영유아가 예상된 반응을 하기는 어렵다. 영유아들이 지도교사가 이끄는 주제에 집중하여 반응할 수 있도록 방해아동이나 장애유아의 경우 자기 자리를 지킬 수 있도록 적절히 지도해 준다.

- **개별적인 접촉이 필요한 아동을 돕는다.**

수업을 진행하는 교사가 영유아의 개별적인 요구를 다 채워 줄 수는 없다. 그러므로 예비교사는 늦게 등원하는 영유아나 갑자기 화장실에 가야 하는 영유아, 건강이나 다른 사정으로 집단활동에 참여하지 못하는 영유아 등을 보살피고 지도교사가 원활한 수업을 하도록 돕는다.

- **예기치 않게 발생하는 모든 사고에 대해서 신속하게 행동한다.**

영유아들의 사고는 뜻하지 않게 발생한다. 이야기 나누기 중에도 장난하거나 의자 등으로 인해서 사고가 발생할 수 있다. 예비교사는 안전사고에 유의하며, 사고가 발생하였을 때 구급약품을 가져오고 다른 영유아를 안정시키는 등의 행동을 신속하게 하여야 한다.

장애유아의 경우, 주변 유아들이나 예비교사가 싫어하는 행동을 계속해서 방해가 되는 행동을 하기도 한다. 담임교사가 수업 중에 이를 제재할 수 없을 때는 예비교사가 유아들끼리 서로 싸움이 나지 않도록 적절한 제재방법을 미리 담임교사로부터 지도받아 알고 있어야 한다.

- **지도교사의 수업 방식과 영유아의 발달 수준과 흥미 등을 주의 깊게 관찰한다.**

이야기 나누기는 예비교사가 부분수업 및 종일수업을 실제로 해야 한다. 그러므로 지도교사의 수업을 잘 관찰하여 실제로 수업을 진행할 때 참고한다. 장애유아도 참여할 수 있도록 적절한 기회를 제공해 준다.

5) 점심시간

점심은 아동성장에 맞게 충분한 영양을 공급하고 바르게 먹는 식습관을 형성하며 심리적인 면에서도 즐거운 경험이 되어야 한다. 영유아의 성장발달에 가장 많은 영향을 주는 것은 균형 잡힌 영양 섭취이다. 영양이 부족하면 신체발달뿐 아니라 다른 발달영역, 즉 대인관계까지 영향을 주기 때문이다.

성장에 필요한 영양을 충분히 섭취하려면 영유아는 올바른 식습관이 형성되어 있어야 한다. 식습관은 음식과 식사에 대해여 긍정적이고 바른 태도를 습득하였을 때 이룰 수 있으므로, 교사는 영유아의 올바른 식습관 형성을 위해 지도해야 한다.

특히, 어린이집의 경우 영유아는 보육교사를 통해 대부분의 식습관을 배우므로 보육교사의 역할이 매우 중요하다. 예비교사는 개인적인 편식이나 다이어트와 같은 이유로 잘못된 식습관이 있을 때 특히 주의하여야 한다.

영유아가 간식 및 점심 먹기를 통하여 독립적인 식습관을 형성하도록 바른 자세로 앉아서 먹기, 숟가락, 젓가락 사용법 익히기, 감사하는 마음으로 먹기,

음식 골고루 먹기, 흘리지 않고 먹기, 흘린 것은 자기가 깨끗이 처리하기, 잘 씹어 먹기, 조용히 먹기, 식사 중에 돌아다니지 않기, 식사 후에 뒷정리하기 등을 지도하도록 한다.

점심시간에 예비교사의 행동지침은 다음과 같다.

- **점심 먹기 전에 활동 정리를 돕는다.**

식사 전에 간단한 자유놀이나 미술·작업 등의 대집단 활동을 마무리하는 경우가 많다. 이때 예비교사는 활동을 마무리하지 못한 영유아를 개별적으로 돕거나 지도교사가 정리하는 것을 돕도록 한다.

정리를 하는 시간처럼 일과 중에는 특별한 활동 없이 다음 활동을 하기 전에 비어 있는 시간이 있을 수 있다. 예비교사는 교사를 도와 정리를 하면서도 장애유아들이 무엇을 하는지 주의를 기울이고 사고가 날 행동에 대해 사전에 조치를 취해야 한다. 또한 이물질이 영유아나 장애아동의 입 안으로 들어가지 않게 유의해야 한다.

- **점심 전 손 씻는 것을 돕는다.**

영유아 때부터 이 닦기, 손 씻기, 세수하기 등의 청결 습관을 길러 주면 자립적이고 독립적인 생활태도가 몸에 배어 건강한 아동으로 성장하게 된다. 점심 먹기 전에 손을 씻을 때 질서를 지키며 깨끗하게 씻을 수 있도록 예비교사는 옆에서 도와주고, 개별적인 도움이 필요한 아동을 보살핀다. 또한 손을 다 씻은 아동은 점심을 먹을 수 있도록 자리를 정돈하게 한다.

장애유아의 경우, 차례를 지켜 손을 씻을 수 있도록 돕고, 물을 틀거나 잠그는 것, 수건에 손을 닦는 방법 등 손을 씻기 시작하여 끝마칠 때까지 순서를 지키고 실천할 수 있도록 도와준다.

- **지도교사와 함께 점심을 나누어 준다.**

보통 간식과 마찬가지로 점심 먹기도 교실에서 이루어지는 경우가 많다. 두 살 전후 영아는 자리에 집중해서 앉아 있을 수 없고, 영유아처럼 음식을 가져갈 수 없으므로 교사가 직접 나누어 준다. 이때 예비교사는 영아용 도구를 준비해 주고, 영아가 뜨거운 음식을 받을 때 조심할 수 있도록 주의를 기울인다.

교사와 함께 직접 음식을 나누어 주는 유아의 경우, 예비교사는 원활한 식사시간이 되도록 지원한다. 장애유아도 특별히 위험한 행동을 제외하고는 일반유아와 같이 음식준비에 참여할 수 있도록 기회를 준다. 배식을 도와줄 경우, 장애유아가 집게를 잘 사용하도록 유아 손을 잡아 주기도 한다.

• 감사하는 마음으로 바르게 앉아서 먹을 수 있도록 한다.

모든 영유아가 음식을 다 받으면 감사를 표하고 바르게 앉아서 식사를 할 수 있도록 한다. 여분의 반찬 등 다른 것을 필요로 하는 경우는 돕도록 하며, 스스로 할 수 있도록 배려와 격려를 아끼지 않는다. 장애유아의 편식 경우는 먹지 않는다고 해서 무조건 피할 것이 아니라 음식의 냄새를 맡아 보게 하는 등 관심을 갖고 음식을 접해 보도록 식습관을 바꿔주는 계획을 세워 편식을 지도해 나가는 것이 중요하다.

• 지도교사와 함께 정리한다.

식사를 마친 후, 자신이 흘린 것은 깨끗하게 치우도록 하고 잔반과 식사 도구는 스스로 정리하도록 한다. 남은 음식을 쏟거나 식사 도구를 떨어뜨리는 등에는 영유아가 다친 곳은 없는지 확인하고 신속히 정리한다. 영아의 경우 스스로 정리하기 어려우므로 지도교사와 함께 정리하도록 한다.

모든 영유아가 식사를 마치면, 예비교사는 교실정리 및 환기를 한다. 장애유아의 경우도 반의 일원으로서 다 같이 정리하고 다음 활동으로 넘어갈 수 있도록 언어적인 중재뿐 아니라 행동적인 지원도 함께 유도해 주어야 한다.

• 식사 후 이 닦기 활동을 돕고, 조용한 놀이나 휴식을 취할 수 있도록 한다.

식사를 마치는 영유아 순으로 이를 닦을 수 있도록 하며 특히 옷이 젖는 것을 방지하도록 비닐 앞치마 사용이나 적절한 치약의 양을 도와준다. 이를 다 닦은 영유아는 조용한 놀이나 휴식을 취할 수 있도록 한다. 장애유아의 경우,

이를 닦을 때 위아래, 겉, 속을 여러 번 반복하여 닦을 수 있도록 이를 닦는 방법을 지속적으로 알려준다.

6) 낮잠시간

영유아는 신체적으로 활동하는 시간과 휴식시간의 균형이 유지되어야 한다. 영유아기는 전체적인 운동량이 증가하므로 피로가 누적되기 쉬울 뿐만 아니라 다양한 공간, 자극물, 또래관계에서 질병 감염이 빈번해질 수 있는 시기이므로 하루일과에서 휴식과 수면 등의 균형이 고려되어야 한다. 특히 영유아들이 집에서와 같이 안정감을 가지고 휴식을 취할 수 있도록 예비교사는 지도교사와 함께 영유아의 낮잠을 도와주고, 적절한 환경구성을 마련해야 한다.

낮잠 시 예비교사의 행동지침은 다음과 같다.

- **낮잠 전, 영유아가 화장실에 다녀오도록 돕는다.**

예비교사는 낮잠시간이 되면 지도교사를 도와 대소변 가리기가 가능한 영유아는 화장실에 다녀올 수 있도록 하고, 대소변을 못 가리는 영유아는 기저귀를 새로 갈아준다. 장애유아의 경우, 대소변을 스스로 해결하지 못하는 경우가 있는데, 이를 대비하여 잠자기 전에는 화장실에 다녀오도록 한다.

- **영유아가 잠을 잘 잘 수 있도록 커튼이나 블라인드를 이용해 빛을 차단하는 등 분위기를 조성한다.**

잘 수 있는 공간으로 이동하거나 공간배치를 돕고, 조용한 음악이나 독립된 침구를 준비해 주고, 겉옷을 벗거나 잠옷을 갈아입는 영유아가 있으면 도와준다.

- **편안한 상태의 낮잠이 되도록 한다.**

영유아가 자신의 침구에 다 누우면 예비교사는 지도교사와 함께 영유아 한 명 한 명을 안아주고, 쓰다듬어 주어 낮잠시간이 선생님과 교감을 형성하는 즐거운 시간이 될 수 있도록 한다. 함께 있어 주기를 원하는 영유아가 있으면 지도교사와 상의하도록 한다. 이때 예비교사도 적당한 휴식을 취하는 것이 좋다.

장애유아의 경우, 낮잠을 잘 자는 유아도 있지만 대부분 잠을 자지 않는다. 아이가 잠을 자지 않는다고 해서 그 시간을 다른 활동을 하는 데 활용하지 말고, 유아가 잠시라도 쉴 수 있도록 같이 옆에서 누워 있어 준다.

- **낮잠시간 동안 교실을 떠나지 않는다.**

교사는 낮잠 중 갑자기 깨어 울거나, 기침을 심하게 하는 등 도움을 필요로 하는 영유아를 언제든지 도울 수 있어야 한다. 또한 낮잠을 원하지 않거나 중간에 잠이 깬 영유아는 침구에 누워 쉬거나, 다른 영유아를 방해하지 않는 범위 내에서 조용한 놀이를 할 수 있도록 한다.

장애유아의 경우, 잠을 자지 않고 잠자는 아이들을 밟고 돌아다닐 수가 있으므로 다른 아이에게 방해가 되지 않도록 주의를 준다.

- **영유아가 낮잠에서 일어나는 것을 돕는다.**

낮잠에서 일어나야 할 시간이 되면 음악의 볼륨을 조금 높이고, 커튼이나 블라인드를 열어 교실에 빛이 들어오게 하여 영유아 스스로 일어날 수 있도록 한다. 이때 예비교사는 지도교사와 함께 일어난 영유아를 따뜻하게 안아주고, 잘 잤는지를 물으며 몸의 상태를 체크한다. 영아의 경우 기저귀를 확인한다.

- **침구 정리를 한다.**

영유아가 낮잠에서 일어나면 교실을 환기시키고, 예비교사는 지도교사, 영유아와 함께 침구를 정리하고, 영유아가 화장실을 다녀올 수 있도록 돕는다. 장애유아의 경우, 이불 정리를 스스로 할 수 있도록 유도한다.

7) 산책시간

산책은 영유아들이 온갖 자연물을 직접 보고, 만지고, 듣고, 느끼고, 냄새를 맡을 수 있는 체험적 교육활동이다. 산책은 일상생활의 일부가 되어야 하며, 오전 산책, 오후 산책, 일과 중의 시간을 이용한 산책 등 시간대에 따라 달라지는 주변 세상을 경험할 수 있기 때문에 하루일과 중 언제라도 가능하다.

예비교사는 가르치는 역할보다 모델링 역할을 하며 오감으로 자연의 생명을 느끼고 체험할 수 있도록 한다. 장애유아의 경우, 위험물에 스스로 대처하지 못하는 경우가 많기 때문에 안전에 유의하도록 주변 환경을 잘 관찰해야 한다. 또한 이물질을 입에 넣지 않도록 주의시켜야 하고, 도로를 지나갈 경우 갑자기 차도에 뛰어들지 않도록 위험행동을 보일 것으로 예상되는 영유아는 미리 손을 잡고 산책을 한다. 장애유아는 밖에 나가서는 특히 교사가 주의하여 잘 관찰해야 한다.

8) 만들기, 오리기, 붙이기, 그리기, 접기 활동

유아들은 만들기, 오리기, 붙이기, 그리기, 접기 작업을 통하여 창의력, 사고력, 표현력을 기르고, 불안이나 좌절에서 오는 심리적 갈등을 해소하며, 자기표현의 욕구를 충족시킨다. 또한 유아는 조직적으로 생각하고 계획하는 태도를 형성하며, 창작에 대한 흥미를 가지고, 눈과 손의 협응력 발달과 소근육 발달 등 신체 · 정서 · 언어 · 사회 · 지적 발달을 이룰 수 있다.

만들기, 오리기, 붙이기, 그리기, 접기 작업 전에 각각의 필요한 자료준비를 돕고, 부족한 재료가 없는지 확인한다. 자기의 것과 다른 사람의 물건을 구분하는 습관이 형성될 수 있도록 담임교사를 도와 함께 지도한다.

특히 교사의 도움이 필요한 유아는 개별지도를 한다. 장애유아의 경우, 스스로 완성할 수 있는 범위 내에서 계획하는 것이 필요하므로 담임교사의 지시에 따라 유아가 할 수 있는 활동 범위를 제안하여 주고, 주어진 활동목표를 장애유아 스스로 끝까지 수행할 수 있도록 적절히 개입한다.

활동이 어느 정도 마무리되면 예비교사는 지도교사와 함께 유아 스스로 사용한 재료를 정리할 수 있도록 한다. 활동을 마무리하지 못한 유아가 있으면, 편안히 끝낼 수 있도록 배려한다.

9) 동화시간

동화는 어린이집에서 가장 많이 이루어지는 문학활동이며, 아이들이 재미있어하고 주의집중을 잘 하는 시간이다. 영유아는 동화를 들음으로써 상상력 및 사고력, 창의력을 발달시킨다. 또한 정서적으로 풍부한 경험을 하고, 세상을 좀 더 잘 이해할 수 있으며 자신을 잘 표현할 수 있게 된다.

보통 어린이집에서는 동화의 내용을 학습주제 및 사회변화에 맞는 것으로 선택하여 그림동화, TV동화, 융판동화, 자석동화, 막대동화, 테이블 동화, 구연동화 등의 다양한 방식으로 동화내용의 이해를 돕고, 영유아들의 흥미를 지속시킨다.

동화시간 시 예비교사의 행동지침은 다음과 같다

- **영유아들이 동화 듣기의 배열로 앉을 수 있도록 돕는다.**

동화는 보통 이야기 나누기 시간 전후에 전개되는데 예비교사는 모든 영유아가 동화자료가 잘 보이는 자리에 앉을 수 있도록 한다. 장애유아의 경우, 동화를 듣는 중에 특히 다른 사람에게 방해가 되는 행동이나 소리를 내지 않도록 지도교사의 지도방법에 따라 적절히 지도한다.

- **지도교사가 동화를 매끄럽게 진행할 수 있도록 호흡을 맞춘다.**

영유아들은 동화를 들을 때 자신도 모르게 점점 앞으로 다가가거나, 갑자기 일어나서 동화의 자료를 만지려고 한다. 예비교사는 영유아가 동화에 집중할 수 있도록 산만한 유아들을 통제하고, 화장실 등의 도움을 필요한 유아가 있으면 돕는다.

- **동화를 정리한다.**

동화 후 지도교사가 다른 활동으로 전환할 때 예비교사는 동화 정리를 돕는다.

10) 실외놀이 시간

실외놀이는 영유아들의 신체발달뿐 아니라 긴장 해소와 균형 있는 하루일과를 위해서 꼭 있어야 하는 중요한 시간이다.

실외놀이는 영유아들이 아주 재미있어하고 지루해하지 않으며, 자연의 흐름을 느낄 수 있고, 영유아 자신이 가지고 있던 지식, 개념, 경험을 자유롭게 펼 수 있는 시간이다. 또한 지적인 호기심과 상상력을 키우고 계절의 변화와 더불어 생명의 소중함을 깨닫는다.

- **질서 있게 바깥놀이 장소로 이동한다.**

- **아이들의 안전사고에 특별한 주의를 기울인다.**

예비교사는 위험한 기구에 올라가는 유아는 없는지, 올바르지 않는 방법으로 기구를 사용하는 영유아는 없는지 잘 관찰한다.

장애유아의 경우, 위험물에 스스로 대처하지 못하는 경우가 많기 때문에 길에 위험물이 있는 경우는 미리 치우거나 안전에 유의하도록 예비교사는 주변 환경을 잘 관찰해야 한다.

- **날씨에 알맞고, 활동하기 편한 복장과 편한 신발을 신는다.**

예비교사는 활동의 성격에 따라 알맞은 복장을 착용해야 한다. 그러기 위해서 여벌로 편안한 옷과 신발을 어린이집에 가져다 놓는 것도 한 방법이다.

- **지도교사와 함께 영유아 전체를 바라볼 수 있는 위치에 자리한다.**

실외놀이 장소는 교실보다 넓기 때문에 유아를 통제하기 어렵다. 예비교사는 많은 영유아를 바라볼 수 있는 위치에 서서 도움이 필요하건, 안전사고가 발생할 만한 놀이를 하는 영유아가 있으면 언제든지 달려간다.

- **교실로 돌아올 때에는 신발을 스스로 정리하고, 손 씻는 것을 도와준다.**

영유아 스스로 신발과 겉옷을 정리하고, 손을 씻은 후 다음 활동을 할 수 있도록 돕는다. 장애유아의 경우, 자기 옷을 스스로 벗고, 자기 자리를 찾아 정리하는 습관이 형성되도록 도와준다.

11) 견학 및 소풍 시간

견학 및 소풍은 기관 밖에서 이루어지는 활동으로 구체적인 계획과 준비, 절차가 필요하다. 영유아는 집과 어린이집 주변을 벗어나, 새로운 곳에서 구체적인 사물을 탐색하고 사람들을 만남으로써 새롭고 풍부한 경험을 하게 되며, 추상적인 사고와 창의적 활동까지 확장하게 된다.

견학 및 소풍을 가기 전에는 영유아들에게 활동의 목적을 알게 하여 교육적 가치를 높이며, 소지품 및 복장 등에 대해서도 미리 알려준다. 또한 활동 전 유아들과 충분한 이야기 나누기를 함으로써 안전사고와 미아사고를 예방한다.

견학 및 소풍을 갈 때 예비교사의 행동지침은 다음과 같다.

- **등원 시 영유아들의 옷과 가방을 확인하고, 이름표를 착용하도록 한다.**

견학 및 소풍날이면 영유아는 많이 들떠 있고, 교사는 많이 분주하여 잦은 사고가 발생할 수 있다. 특히 지도교사는 매우 분주하게 되므로 예비교사가 재치 있게 영유아와 지도교사가 필요한 것을 보조할 수 있도록 한다.

- **차량 탑승 시 인원 확인을 돕는다.**

예비교사는 영유아의 차량 탑승과 인원 확인을 돕는다. 또한 안전벨트는 바르게 했는지, 몸이 불편한 영유아는 없는지 수시로 확인한다.

장애유아의 경우, 차에 대한 두려움이 있을 수 있기 때문에 되도록 담임교사나 예비교사가 함께 옆자리에 앉도록 한다.

- **인솔 시 지도요령을 익혀 도우미 역할을 한다.**

예비교사는 행사 전에 지도교사와 충분히 상의하여 행사 도우미 역할을 수행한다. 예를 들어, 구급약품을 챙기거나, 뒤처지는 영유아를 돌보거나, 특정한 장소에서 게임 등을 진행하고, 화장실 등 급한 도움이 필요한 영유아가 있으면 언제든지 돕는다.

장애유아의 경우, 밖에 나가서는 예상하지 못한 행동들을 보일 경우가 많다. 따라서 평소보다 더 세심한 관찰이 필요하다.

- **안전사고와 미아사고가 발생하지 않도록 주의를 기울인다.**

예비교사는 이동 시 영유아의 인원수를 항상 확인하고, 몸이 불편한 유아가 없는지 확인한다. 또한 지도교사보다 위험상황을 먼저 알았을 때에는 신속히 지도교사에 알리고 상황에 대처한다.

- **야외활동 시 간편한 복장을 한다.**

예비교사는 활동이 편한 복장을 하고, 편한 신발을 신는다. 또한 아이들이 교사의 위치를 얼른 알 수 있도록 눈에 띄는 색깔의 모자와 옷을 착용하는 것이 좋다.

12) 귀가시간

귀가하는 하루를 마무리하는 시간으로 등원만큼 중요하다. 귀가하기 전 5~10분 정도 하루일과를 마무리하는 시간을 갖도록 하여 가장 재미있었던 일, 속상했던 일은 무엇인지, 다시 하고 싶은 활동이 있는지 등을 이야기 나눈다. 특별한 전달사항이나 귀가 시 안전을 강조하고, 화장실에 다녀온 후 자신의 소지품을 잘 챙겨서 귀가할 수 있도록 한다.

차량으로 귀가를 하는 경우 어린이집 각 반의 영유아들이 한꺼번에 나올 수 있으므로 안전사고가 일어날 수 있다. 그러므로 유아들이 질서 있고 안전하게 귀가할 수 있도록 지도한다. 학부모가 직접 귀가하는 경우 부모에게 직접 일과나 전달사항을 이야기하도록 한다.

귀가시간 시 예비교사의 행동지침은 다음과 같다.

• 영유아의 귀가준비를 돕는다.

예비교사는 지도교사를 도와 영유아가 화장실에 다녀왔는지, 자신의 겉옷을 바르게 입었는지, 소지품은 잘 챙겼는지 등을 확인한다.

장애유아의 경우, 자기 옷을 스스로 찾을 수 있도록 단서를 제공해 주고, 옷을 입을 때 호크나 지퍼를 스스로 채우고 올리도록 지켜봐 준다.

• 귀가질서를 지키며 안전하도록 지원한다.

귀가하기는 하루일과 중 가장 복잡하고 산만한 시간이다. 차량으로 귀가하는 경우 예비교사는 지도교사를 도와 차량을 이용하는 영유아가 집 방면의 차를 탑승했는지를 확인한다. 부모가 귀가하는 경우 예비교사가 섣부르게 영유아에 대해서 상담하지 않도록 주의한다. 부모요청 시 지도교사에게 직접 연결시켜 주는 것이 바람직하다.

• 귀가하지 않은 영유아를 안전하게 돌본다.

귀가시간이 되면 지도교사는 귀가하는 영유아를 챙기고, 하루 업무의 마무리, 부모님과의 면담 등으로 분주하게 된다. 이때 예비교사는 교실에 남아 있는 영유아들이 안전하고 재미있는 놀이를 하다가 귀가할 수 있도록 돌본다.

13) 청소시간

어린이집은 무엇보다도 청결하고 깨끗한 환경이 요구된다. 특히, 영유아가 거의 하루 종일을 생활하는 교실의 청결은 안전관리의 기본이라 할 수 있다. 교실의 청결을 위해서 주의해야 할 점은 다음과 같다.

① 교실바닥은 필요할 때마다 즉시 쓸거나 닦는다. 카펫은 청소기로 매일 먼지를 철저히 제거한다.
② 매주 교실이나 복도 바닥, 선반과 문손잡이를 소독한다.
③ 바닥에 액체를 쏟았을 때에는 즉시 닦아 내고 냄새를 제거한다.
④ 영유아들이 입에 넣을 수 있는 물건들은 매일 씻고 소독한다.

⑤ 낮잠 침구는 매주 빨고, 햇볕을 쪼인다.
⑥ 쓰레기는 매일 버린다.
⑦ 실내 공기가 항상 쾌적하도록 환기를 시킨다.

청소시간 시 예비교사는 지도교사가 이야기하지 않아도 스스로 청소를 시작한다. 마음대로 청소하기보다는 지도교사의 청소 흐름과 방식을 따라 보조한다. 그러나 지도교사가 미처 관리하지 못하는 부분까지도 청소하도록 한다. 창틀이나 영유아 개인의 서랍장, 영역별 서랍장, 책꽂이 뒤나 교구장 밑 등 보이지 않는 부분도 청소한다.

14) 차량 탑승

차량 탑승은 영유아의 등·하원 및 현장학습, 소풍 시 하게 된다. 예비교사는 교통안전 및 차량 탑승의 유의사항을 자세하고 정확하게 알아야 하며 예비교사가 혼자서 차량에 탑승하여 하원 지도하는 것은 위험하다. 예비교사는 유아 차량 탑승 시 자리에 바르게 앉도록 하고, 불편한 곳은 없는지 확인한 후 안전벨트 매는 것을 도와준다. 장애유아의 경우, 안전벨트를 교사가 보지 않는 사이 빼버리는 경우가 있다. 따라서 유아가 안전벨트를 착용하고 있는지 수시로 확인해야 한다.

멀미나 대소변 문제로 도움을 요청하는 영유아가 있으면 지도교사와 함께 영유아를 돕는다. 멀미약, 물, 비닐봉지, 휴지, 물 티슈, 여벌의 옷 등을 항상 소지한다. 경기를 하는 장애유아가 있을 때는 유아의 기도가 막히지 않도록 자세를 유지시켜 주는 방법을 담임교사에게 미리 지도를 받고, 상황에 적절히 대처한다.

차량 탑승 시 유의할 점은 일반적으로 다음과 같다.

① 예비교사는 혼자 차량운행 하지 않는다.
② 버스가 완전히 멈춘 뒤 차례차례 탑승하도록 하며, 교사는 반드시 땅을 딛고 유아를 한 명씩 태운다.
③ 안전벨트는 반드시 매도록 한다.

④ 창밖으로 손이나 머리를 내밀지 않도록 한다.
⑤ 창밖으로 물건을 던지거나 의자 위로 올라가지 않도록 한다.
⑥ 버스가 완전히 멈춘 다음 앞에서부터 차례차례 내리도록 한다.
⑦ 버스의 계단을 내려올 때는 서두르지 말고, 천천히 한 칸씩 내려오도록 한다.
⑧ 버스의 앞좌석에는 유아를 앉게 하지 않는다.
⑨ 어린이집 차를 향해 뛰어가지 않도록 한다.
⑩ 차량에 탑승하다가 사고가 발생하였을 경우 신속히 대처하고, 다른 유아가 놀라지 않도록 주의한다.
⑪ 차량 하차 시 잠이 든 유아가 없는지, 유아들이 두고 내린 물건이나, 물품 등이 있는지 차량 안을 점검한다.

2 사회생활 예비지식

1) 설 명

말은 의사전달의 가장 중요한 수단이다. 특히 교직은 언어를 업무의 도구로 사용하는 직종이다. 따라서 설명 능력은 교직 업무수행 능력에 아주 중요한 부분이다. 설명을 잘하려면 자음과 같은 방법을 익혀야 한다.

- **말의 순서를 정한다.**

설명을 시작하기 전에 먼저 말의 순서를 정하여 말의 흐름이 조리 있도록 구성한다.

- **내용과 목적을 명시한다.**

설명의 서두에서 무엇을, 왜 설명하려고 하는지를 밝히면, 듣는 사람이 말을 들으면서 파악해야 하는 어려움을 덜어줄 수 있다.

• 결론부터 말한다.

듣는 사람, 특히 직장에서 상급자들은 때때로 결론만 궁금해하는 수가 있다. 즉 과정과 이유를 듣는 동안 기다리기 답답해하는 수가 많다. 결론부터 말하고 차근차근 과정과 이유를 설명하는 것이 효율적이다.

• 쉽게 말한다.

이해하기 쉬운 말을 사용하되 전문용어나 어려운 용어는 처음 사용할 때 그 용어의 뜻을 먼저 풀어 말한다. 특히 나이 어린 아동이 설명의 대상일수록 교육적인 효과를 위해서 더욱 그렇게 해야 한다. 예를 들면, "산에 올라가는 등산"이라는 식이다. '산에 올라간다'라고만 하면 '등산'이란 단어를 배울 수 없을 것이고 '등산'이라고만 하면 영아에게는 처음 들어보는 말일 수도 있기 때문이다.

• 간결하게 말한다.

짧은 문장일수록 의미 전달이 쉽다. 한 문장이 길면 듣는 사람이 혼란을 느끼는 수가 있으므로 말을 불필요하게 길게 하지 않는다.

• 비교해 준다.

어떤 설명을 할 때 개념이나 요지를 확실히 전달하기 어려울 때에는 비슷한 것과 반대의 것을 제시하면 이해를 도울 수 있다.

• 사례를 든다.

어려운 상황을 설명할 때라도 적절한 예를 들어 주면 단번에 상황을 이해시킬 수 있다.

• 점검한다.

듣는 사람이 말하는 사람의 의도를 잘 이해하고 있는지 중간 점검이나 마지막 점검을 한다. 유능한 설명자가 되려면 설명의 목적이 듣는 사람의 이해의 정도에 따라 결정된다는 것을 알 필요가 있다.

점검을 하지 않으면 때때로 엉뚱한 오해를 발견하지 못해 중대한 실수를 할 수 있다. 상대의 눈을 쳐다보면서 설명하면 많은 것을 점검할 수 있으며 직설적으로 묻는 방법도 있다.

- **반복한다.**

듣는 이는 때때로 설명의 일부분을 놓치는 수가 있으므로 한 번만 설명하면 놓쳤을 때 다시 보완할 기회가 없다. 확실한 설명을 위해서는 반복하되 똑같은 말이 아닌 다른 표현을 사용하는 것이 진부하지 않다.

- **요점정리로 끝낸다.**

설명일 경우에는 마지막으로 요점을 정리해 줄 필요가 있다. 요점정리와 반복의 차이는 반복에서는 다른 표현을 쓰는 것이 좋지만 요점정리를 할 때는 설명에서 사용했던 바로 그 용어를 똑같이 사용하는 것이 좋다.

2) 교수자 화법

교육활동을 효과적으로 이끌어 나가기 위해서는 세 가지의 요소가 적절하게 조화되어야 한다. 즉 교수자(교수자, 보고자, 제안자, 교수자 등)와 학습대상자(상사, 동료, 영유아) 및 내용(교육할 메시지)이 그것이다. 이들 세 요소를 어떻게 기술적으로 활용하는가에 따라 교육의 효과를 높일 수 있는 것이다(이광희, 2001).

- **학습대상자 한 사람 한 사람에게 말을 거는 것이라고 생각한다.**

아동들에게는 한 명 한 명에게 말을 거는 듯이 자연스럽게 메시지를 전달하여야 이해가 쉬운데 통계 수치나 조사 결과를 소개할 때는 오히려 자료를 보여주는 것이 정확한 전달이 되며 교사발표 시에는 수치에 관련된 내용은 메모를 보며 메시지를 전달하는 것이 신뢰감을 얻을 수 있다.

• 변명적인 이야기나 준비한 원고를 줄줄 읽기 등은 피한다.

성공적으로 교육을 이끌어 나가기 위해서는 자신을 지나치게 낮추는 변명적인 이야기나 준비한 원고를 줄줄 읽기, 강조하고자 하는 바가 확실하지 않은 평범한 이야기, 새로운 내용이 없는 말, 이야기 도중 헤매다가 길을 잃는 행위 등은 피해야 한다.

• 말의 속도는 정상적인 대화보다는 약간 느리게 진행한다.

학습대상자가 내용을 음미할 시간적 여유를 주기 위하여 정상적인 대화보다는 약간 느리게 진행하는 것이 좋고, 핵심이 되는 내용을 소개할 때는 속도를 다소 늦추어 주어 강조를 하는 것이 바람직하다. 학습대상자가 많을수록 이야기의 속도를 늦추어 주어야 한다. 보통 대화의 경우에 한국어는 1분에 300~400자, 영어는 150~170단어가 적당하다. 그러나 교육에서는 그보다 10~20% 정도 줄이는 편이 좋다.

• 음성에 변화를 줄 필요가 있다.

이야기를 보다 다채롭게 전개하기 위하여 교수자는 음성에 변화를 줄 필요가 있다. 소리를 크게 낸다거나 소곤거리거나, 속도를 빠르게 하거나 느리게 하거나, 피치를 높이거나 낮추는 등으로 학습대상자의 주의를 환기시킬 수 있다.

• 마이크를 사용할 때에는

① 마이크는 어떤 소리라도 받아들이므로 사소한 잡음도 들어가지 않도록 주의를 한다.
② 마이크 테스트 시에는 마이크를 가볍게 톡톡 두드린다.
③ 자동으로 볼륨이 조절되는 마이크는 갑자기 큰 소리를 내면 볼륨 레벨이

떨어질 수 있으므로 주의해야 한다.

④ 마이크에다 대고 말하는 것이 아니라 마이크를 통하여 학습대상자에게 말을 건넨다는 기분으로 말한다.

어린 연령의 아동들은 마이크 소리가 갑자기 커지거나, 잡음과 울림이 있을 경우 정서적으로 불안해할 수 있으므로 주의하여야 한다.

• 힘 있고 명확한 목소리로 이야기한다.

어려운 단어, 익숙하지 않은 용어나 전문 용어는 학습대상자들이 알기 쉽게 구체적으로 천천히 반복적으로 설명해 주어야 하며 정확한 발음으로 간단하고, 명쾌하게, 그리고 명확하게 전달해야 한다. 날짜나 명칭 등의 중요한 내용이나 요점은 목소리의 톤이나 제스처에 변화를 주어 강조하고 적당한 몸짓을 사용해 주는 것이 바람직하다. 강조하고 싶을 때는 낱말이나 구절을 강하게 발음하고, 천천히 말하며 강조하고 싶은 부분 앞에 잠시 여유를 두고 되풀이하면 효과적이다.

• 이야기 사이사이에 적절하게 여백을 주는 것이 좋다.

이야기 사이에 적절하게 여백을 주기 위해 교육 도중 잠시 침묵하면 학습대상자는 극도로 긴장을 하게 되어 교수자의 이야기에 빨려 들어오게 된다.

• 교육계획안과 관련된 노트 카드를 준비하는 것이 좋다.

교수자가 발표할 내용을 효과적으로 전달하기 위해서는 전체 원고나 노트 카드를 준비하는 것이 좋다. 전체 원고나 노트 카드는 중요한 핵심내용과 이들 간의 추이 관계를 일목요연하게 기술하면 된다. 취향에 따라 전체 원고 식으로 자세하게 기술할 수도 있고 간략한 메모 식으로 노트 카드를 마련할 수도 있다.

자세한 노트 카드는 교육을 보다 체계적이게는 하지만, 사고 활동을 저해하는 단점을 지닌다. 간략한 메모는 독창성과 자발성을 고무하지만 자칫 교육의 흐름이 빗나갈 수도 있다. 노트의 양은 50분에 최고 10페이지가 적당하다.

전체 원고를 쓸 때는 조금 커다란 글자로 깨끗하게 쓰되 더블 스페이스로 하고 시각자료 등을 사용하는 타이밍이나 제스처 등의 지시사항을 써 넣을 수 있도록 문단 사이는 줄을 띄워 준다.

• 노트 카드를 너무 자주 들여다보지 않는다.

노트나 메모를 너무 자주 들여다보면 대상자로 하여금 불안감을 조성하게 되므로 바람직하지 못하다. 또 노트 카드를 그대로 읽으며 필기하도록 하는 일은 삼가여야 한다.

• 아동들의 주의집중, 동기유발 전략을 활용한다.

학습대상자의 인지발달과 주의집중을 위해서는 일반적인 정보와 세부사항, 쉬운 개념에서 어려운 개념, 단순한 개념 소개에서 복잡한 개념으로 그리고 아동 자신의 주변에 대한 주제에서부터 개념학습을 시작하도록 교수설계를 한다.

유머는 수업내용의 본질과 균형 있고 조화 있게 혼합해야 한다. 그러므로 학습대상자들의 반응 리듬을 잘 파악해 주의집중이 잘 되는 처음 10% 정도의 시간에는 도입부로 이야기 주제를 탐색하거나 문제를 제기하고 수업의 전개를 마친 후에는 마지막 10%의 시간을 남겨 다음 수업활동의 확장이나 문제해결책을 제시하는 것이 바람직하다.

• 학습대상자가 지루하다는 것을 암시하는 행위를 유념한다.

학습대상자가 하품을 하든지 안절부절 하든지, 창문을 내다보는 것 등은 모두 수업활동이 지루함을 암시하는 행위이다. 이때에는 재빨리 다음 주제로 옮겨가서 주의를 집중시켜야 한다. 동시에 이제까지의 전개상황을 머릿속으로 그려 보아 소리가 잘 전달되었는지, 속도는 적당했는지, 강조할 것은 충분히 강조되었는지 등을 생각해 보고 목소리나 제스처에 변화를 주되 학습대상자의 반응을 주목한다.

수업발표 자리나 학습대상자 사이를 왔다 갔다 한다든지 마이크 코드를 달각거려 구두점을 대신함으로써 분위기에 변화를 줄 수도 있다.

• 교육할 내용을 완전히 소화하여 이야기한다.

교육할 내용을 자기 것으로 완전히 소화하여 자신감 있게 이야기해야 한다. 또 교육은 자연스럽게 진행되어야 하나 또한 열정적이어야 한다. 대상자들은 금방 꾸밈이나 어색함을 눈치 채고 말기 때문에 있는 그대로 대상자를 대하는 것이 바람직하다.

• 대상자들을 놀라게 하는 일을 두려워하지 말아야 한다.

기대하지 않았던 뜻밖의 결론이나 놀라운 그림의 제시 등은 수업진행에 극적인 측면을 첨가해 줄 수 있다. 예를 들면 정지된 상만을 보여주는 투시물자료를 소개할 때 부분 가리기와 부분 벗기기 기법을 사용하고, 그림자극을 병행하거나 편광 테이프와 편광판을 이용한 자료를 보여줌으로써 순환과정의 회전을 제시해 주면 주의환기에 효과가 크다. 즉, 자료의 일부를 가리면 여성의 신체가 되지만 모두를 제시하면 귀여운 강아지가 되는 것 등이 일예이다.

• 잡음이 들어가지 않도록 유의한다.

말 사이에 잡음이 들어가는 것은 모든 학습대상자를 거슬리게 한다. 이런 버릇은 빨리 고쳐야 한다. 상대와의 거리를 적당히 두어 이야기 도중 침이 튄다든지 하는 일은 반드시 주의해야 한다.

3) 교수자 태도

- 수업 시 예비교사는 교수자이며 무대에 선 배우와 같이 행동해야 한다. 모든 매체는 제각기 다른 특성과 장 · 단점을 지니고 있으며 완벽한 것은 존재하지 않는다. 그러므로 매체에 너무 의존하지 말고 항상 프레젠테이션에서 중심이 되는 것이 자신이라는 사실을 잊지 말고 프레젠테이션을 이끌어 나갈 수 있어야 한다.
- 커뮤니케이션에서 언어가 차지하는 역할은 단지 7%에 지나지 않으며 나

머지 93%는 언어 이외의 전달방법, 즉 몸의 움직임 태도, 표정, 말의 억양, 음조의 변화 등이 담당하게 된다.

- 자신의 교육 장면을 담은 비디오테이프를 검토해 봄으로써 미처 깨닫지 못했던 자신의 이상한 버릇을 찾아내고 수정해 나가는 것이 좋다. 자신의 수업을 비디오테이프에 담아 검토를 하면 수업내용, 자세, 타이밍, 유머, 수업 활동을 관찰하여 자신의 단점을 극복하고 장점을 활용할 수 있게 해준다.
- 학습대상자와 눈을 마주하면 학습대상자의 집중력이 높아지고 결국은 이해도도 높아진다. 교수자의 학습대상자 주시율이 85% 이상이면 성실하게 보이고 친근감을 느끼게 된다. 또 숙련되어 보이고 자신감이 있어 보이고 신뢰감을 느끼게 된다. 반면 15% 이하가 되면 냉정해 보이고 변명투로 보이고 자신감이 없어 보이며 신뢰성이 결여되는 것처럼 보인다.
- 학습대상자들과 눈을 마주 본다는 사실은 주의를 집중하는 데 매우 효과적이다. 그러므로 불을 켠 채 학급의 앞쪽에서 영유아들을 마주보고 강의를 전개해 나갈 수 있는 투시물환등기(OHP)의 사용이 각광을 받는 이유도 여기에 있다. 이때 교수자가 완전 정면으로 학습대상자를 대할 때 가장 강한 인상을 주게 된다. 3/4 전면은 그보다는 약간 약한 느낌을 받게 되고, 옆모습은 훨씬 덜 인상적이다. 칠판이나 스크린을 지적하기 위하여 뒤로 거의 돌아서는 1/4 전면은 가장 비효율적인 자세라고 볼 수 있다.
- 학습대상자를 주시할 때 먼저 오른쪽 뒤쪽을 보는 것이 좋다. 왜냐하면 인간은 본능적으로 심장을 커버하려고 왼쪽을 향하게 되기 때문이다. 그 다음은 교수자 근처의 아동을 보는 것이 좋다. 이들은 기본적으로 동기 유발이 되어 있으므로 그들의 의욕을 꺾지 않을 정도만큼만 눈길을 주면 된다. 유아들의 경우는 교사가 자리배치에 관여하지만 대-중 집단의 발표나 공연이 제공될 때 일반아동들과 떨어져서 맨 뒤에 앉아 있는 아동이 있는지를 보아야 한다. 이들은 핵심 인물이나 강력한 리더십을 가지는 경우가 많다. 그러므로 중요한 포인트를 이야기할 때 세 번에 한 번꼴로 이들에게 눈길을 주어야 한다.
- 웃는 밝은 얼굴로 교육에 임해야 한다. 학습대상자의 시선은 아래에서 위

로 이동하므로 발의 청결 상태는 중요하다. 화려한 무늬의 양말은 피하고 바지의 주름은 잘 펴고 모양을 갖추어야 한다. 의상과 헤어스타일은 단정해야 한다. 교수자가 쇼의 주인공이 되어 가장 좋은 시각자료가 되어야 한다.

- 서 있는 자세로 두 다리는 어깨 넓이 정도로 벌리고 서면 안정감이 있어 좋다. 어깨의 힘을 빼고 내려뜨리는 기분으로 서는 것이 좋다. 등을 펴고 허리에 힘을 주고 서야 한다. 부동자세는 보는 사람을 불편하게 만들므로 피하는 것이 좋다. 손은 가볍게 열어 둔다. 호흡은 천천히 해야 한다. 손을 앞뒤로 맞잡지 않는다. 여기에 자연스러운 제스처를 가미하면 효과적이다.
- 시각자료의 제시나 제스처나 보디랭귀지를 먼저 제시하고 말을 하는 것이 강조에 좋다.
- 학습대상자의 표정이나 태도, 보디랭귀지를 빨리 읽어 학습대상자가 어떤 상태에 있는지를 알아내어야 한다. 집중하지 못한 아동이 있는 경우는 잠깐 침묵하거나 갑자기 큰소리를 내거나 말을 빨리하거나 가까이 다가가서 몸을 움직여 본다. 교육 도중 학습대상자에게로 다가가면 학습대상자가 긴장을 하여 집중을 하게 되고 반대로 멀어지면 학습대상자의 긴장을 풀어 줄 수 있다.
- 방의 앞쪽에 서서 교육을 할 때에 교수자는 무대에 선 배우와 같이 행동해야 한다. 방의 전면을 6영역으로 나누었을 때 학습대상자들에서 가까운 앞쪽 중앙이 가장 강렬한 인상을 줄 수 있고, 가운데 뒤쪽이 그 다음이 되며, 뒤쪽 양 가장자리는 가장 열악한 장소이다. 앞쪽 양끝의 경우는 학습대상자들의 위치에서 봤을 때 왼쪽이 오른쪽보다 강한 인상을 줄 수 있는 장소이다.
- 정지된 상태로부터의 움직임은 시선을 끌게 된다. 새로운 주제로 전환할 때 교수자가 서 있던 자리에서 다른 쪽으로 걸어 이동하게 되면 효과적이다. 이때 학습대상자들 가까이 강의실의 중앙 부위로 이동을 하면 주의를 끌 수가 있고 반대로 학습대상자들로부터 멀리, 양쪽 가장자리로 이동을 하게 되면 관심이 흩어지게 된다. 그러나 필요 이상으로 걸어 다니면 학습대상자들이 어지러움을 느끼고 경박한 인상을 갖게 된다.

- 타인의 신경을 거슬리게 하는 버릇은 피해야 한다. 교육 도중에 무의식적으로 머리를 만진다든지, 또는 볼펜을 눌러대어 짤깍짤깍 소리를 내는 행위나 이야기 도중에 "음---", "어---" 등의 소리를 연발하는 것은 학습대상자들을 성가시게 할 뿐 아니라 교육내용에 열중하기보다 이와 같은 버릇을 관찰하는 데 신경을 집중하게 만든다.
- 질문에 대해 맞는 대답을 했을 때에는 말로 칭찬이나 격려를 하거나 미소나 수긍의 의미로 고개를 끄덕이는 등의 보상을 주어 강화시켜 나가는 것이 효과적이다. 만일 틀린 대답을 했을 경우라도 무안을 주지 말고 왜 그런 대답이 나왔는지를 이해하려고 노력해야 하며 유아들과 같이 생각해 보면서 시정해 나가는 것이 좋다. 잘 모르는 내용에 대해서 질문을 받으면 "잘 모르겠다"고 용기 있게 이야기 하고 "나중에 가르쳐 주겠다"고 한 뒤 반드시 약속을 지킨다.
- 자주 그리게 되는 도형이나 모양은 일단 두꺼운 종이에 그려서 잘라내어 이 본을 칠판이나 화이트보드에 대고 본을 뜨면(형판법) 빠른 시간 내에 자신 있고 정확한 그림을 그릴 수 있다. 또 복잡한 그림은 미리 희미하게 선으로 그려 둔 뒤 강의 중에 빠른 속도로 진하게 덧그려 주면 좋은 인상을 받는다.

◎ ICT 활용과 교수 매체 사용하기(이광희, 2003)

보육교사는 교육에 이용할 수 있는 기존 시청각자료와 ICT 자료를 활용할 수 있다. 시청각자료는 초크보드, 화이트보드, 전자 칠판, 포스터, 차트, 자석판, OHP, TV, 비디오, 스피커, 스크린, 유인물, 실물, 모형, 교수자 자신이며, ICT 자료는 CD-ROM 타이틀, 웹, 컴퓨터매개 커뮤니케이션(PPT, 전자메일, 게시판, 채팅), 응용 프로그램 등이 있다.

다양한 멀티미디어 교수매체를 사용한 교육은

- 교육을 보다 표준화시킬 수 있다.
- 교육을 보다 재미있게 해준다.
- 교수이론의 적용을 통하여 교육을 보다 상호작용적으로 만들어 준다.

- 교육에 소요되는 시간을 줄여 준다.
- 교육의 질을 높여 준다.
- 교육이 필요 시 필요한 장소에서 이루어질 수 있게 한다.
- 청중이 교육 자체에 대해 긍정적인 태도를 갖게 된다.
- 교수자의 역할이 긍정적인 방향으로 바뀔 수 있다.

제시되는 매체는 다음을 고려한다.

- 정확성 : 교수 목표에 정확한 메시지 전달이 되는지?
- 적절성 : 학습목표 달성 및 사용된 어휘와 개념이 학습자의 수준에 맞는지?
- 범위 : 제작자가 의도한 내용을 모두 다루었는지?
- 흥미 : 학습대상자들의 경험과 관련성이 있는지?
- 조직 : 논리적으로 내용이 전개되었는지?
- 기술 : 색상, 음, 색채 등의 요소들이 선명한지? 이해에 불편이 없는지?
- 동반 교수자료가 첨부되어 있는지?
- 물리적 특성 : 취급, 사용 및 저장이 용이한지? 견고한지? 수리가 간단한지?
- 가격 : 수리에 드는 비용은 어느 정도인지? 유료대여보다 경제적인지?
- 믿을 만한 단체나 기관에서 추천한 것인지?

교수매체를 사용하여 프레젠테이션 할 때 다음의 사항을 미리 체크해 봐야 한다.

- 전체가 다 듣고 볼 수 있는지?
- 단일자료에는 단일주제만을 제시했는지?
- 불필요한 시각자료를 제시하지는 않았는지?
- 미리 리허설을 해보았는지?
- 기기의 상태를 점검했는지? 조작방법은 연습해 두었는지?
- 고장을 대비한 예비부품은 마련되어 있는지?

4) 보 고

보고란 상급자에게 지시받은 내용이나 결과를 말이나 글로 알리는 것이다.

지시받은 것은 반드시 보고하여야 하며 지시받지 않은 것도 상급자가 알아야 할 사항이라고 판단되면 보고해야 한다.

- **보고의 상대를 올바르게 정한다.**

보고는 기본적으로 지시 당사자에게 보고를 해야 한다. 어떤 경우에는 최고 관리자가 내린 지시를 중간 관리자에게 보고하는 수가 있는데 이것은 잘못된 것이다.

- **보고의 시기를 놓치지 말아야 한다.**

보고의 적기는 업무가 종결된 즉시 하는 것이 원칙이다. 그러나 일정이 길어지거나 결과가 기대와 다를 가능성이 있을 경우에는 중간보고를 하여 지시자가 상황판단을 다시 할 기회를 놓치지 않도록 해줄 필요가 있다.

- **내용을 6하 원칙에 입각하여 정리하여 보고한다.**

보고는 서면 또는 구두로 한다. 구두로 할 때에도 특히 6하 원칙에 따라 메모하여 보고하면 내용이 정돈되고 듣는 사람이 기억하기에도 쉽다.

5) 전 달

어떤 내용을 다른 사람에게 전하는 중간 역할로 무엇보다 왜곡되지 않고 정확하게 전달해야 하며 시기를 놓치지 않도록 가급적 신속히 해야 한다.

전달의 생명은 정확성이다. 그러나 말을 그대로 기억하기가 어렵거나 장황한 말들은 요약해야 한다. 과정에서 말한 사람의 의도가 왜곡되지 않게 전달하는 것이 가장 중요하다. 전달이 잘못되면 엄청난 오해가 생길 수도 있으므로 전달자는 객관적인 입장에서 자기감정을 개입시키지 말고 전달하되 문자적 전달보다는 분위기와 의중을 잘 파악하여 전달하여야 한다. 정확한 전달을 위해서는 신중한 용어 선택이 중요하다.

전달은 즉시 하는 것이 좋다. 전달이 늦어져서 일을 그르치는 수가 종종 있다. 전달자의 입장에서 판단할 것이 아니라 무조건 즉시 하는 것이 안전하다. 전달자는 문제의 전체 상황을 판단하기 어렵기 때문에 자기가 모른다 해서 긴박하지 않은 상황이라고 판단하면 큰 실수를 할 수가 있다.

6) 요 청

요청은 남에게 폐가 되므로 최소화해야 하나 배우는 입장에서 지도를 청하거나 질문을 하는 것은 오히려 바람직하다. 태도는 정중하게 하며 요청을 수용해 주면 반드시 감사의 뜻을 표하는 것이 예의이다.

7) 실 수

실수에 대한 사과 여부는 인간관계에 중대한 영향을 미친다. 실수를 했거나 잘못을 깨닫게 되었을 때에는 사과를 하고 넘어가야 한다. 적당히 얼버무리거나 못 알아챈 듯 행동하는 것은 사회인으로서 미성숙한 행동이며 국면을 전환시키지 못한다.

실수를 했을 때에는 표정이 아닌 말로 사과한다. 사과는 구체적으로 한다. 첫째 잘못의 내용을 명확히 한다. 둘째 미안함을 표현한다. 셋째 이후의 각오나 대책을 다짐한다. 예를 들면, “제가 부주의하여 교구를 고장냈다(잘못의 내용). 소중한 물건을 못 쓰게 만들어서 죄송하다(미안함). 다음부터는 각별히 조심하겠으며 수리하도록 하겠다 또는 가급적 비슷한 교구를 준비하겠다(이후의 각오와 대책).”

사과는 실수나 잘못을 깨달은 즉시 하는 것이 좋다. 만약 시기를 놓쳤다면 늦었더라도 사과를 해야 그 이후 두 사람의 관계가 편안해진다.

8) 전 화

전화를 걸거나 받을 때는 서로 대면하고 있지 않으므로 신분을 밝혀야 대화의 방식이 결정된다. 그리고 친절하게 용건만 간단히 말한다.

• 신분부터 밝힌다.

전화는 기본적으로 대면하고 있지 않기 때문에 누구인지 신분을 먼저 밝혀야 대화의 방향을 결정할 수 있다. 예를 들면, "저는 ○○어린이집 예비교사(또는 실습생)○○○입니다"라고 소속, 신분, 이름을 상대방에서 묻기 전에 밝힌다.

• 용건만 간단히 말한다.

업무상 전화는 가급적 용건만 간단히 말해야 한다. 용건과 관계없는 말을 하면 전화를 한 의도가 무엇이었는지 불분명해질 수가 있다. 예를 들면, "제가 전화를 드린 이유는 ○○ 어머니께서 내일 있을 학부모 회의에 참석하실 것인지 여부를 확인하기 위해서입니다"와 같이 전화한 목적이나 이유를 분명히 말하고 그에 대한 대답을 명확하게 듣는 것이다.

• 친절하게 말한다.

친절은 말을 장황하게 하는 것이 아니며 하고자 하는 말을 상대방의 수준에 맞추어 잘 알아듣도록 하는 것이다.

또한 교양은 필요 이상으로 목소리나 억양을 부자연스럽게 올리거나 기계적이거나 의례적으로 격식을 갖추어 말해야 하는 것이 아니다. 그냥 밝고 기분 좋은 말투로 배려를 하면 족하다.

• 전화내용을 메모하여 구두전달과 병행한다.

전화를 받아 내용을 전달해야 할 경우에는 간단한 메모로 전달하는 것이 확실하다. 메모에는 발신자, 수신자, 시간, 내용을 간단히 기록한다. 구두로만 전달하면 때때로 발음과 내용의 부정확성으로 제대로 전달되지 못할 가능성이 다분히 있으므로 구두와 메모 전달을 병행하는 것이 가장 좋다.

구두로 전달이 어려운 상황에는 메모를 우선 갖다 두고 나중에 메모를 읽었는지 꼭 확인해야 한다. 그러기 위해서는 항상 메모지와 필기구를 휴대하는 것이 바람직하다. 예를 들면 다음과 같이 적어 원장님께 드리거나 부재 시에는 책상에 놓아둔다.

9) 회의할 때

- **필기를 한다.**

회의 시 주요사항은 반드시 필기를 하여야 하나 필기에만 몰두하여 전체 회의 흐름을 알지 못하지 않도록 한다.

- **좌석은 끝자리에 앉는다.**

예비교사는 정식 교직원이 아니므로 일반적으로는 교직원 회의에 참석치 않으나 예비교사를 위한 회의일 때에는 참석할 수 있다. 예비교사는 참석자 구성원의 서열을 알아차리고 가장 마지막 서열에 해당하는 자리에 앉는 것이 무난하다. 끝자리는 일반적으로 의장석으로부터 멀수록, 그리고 출입구와 가까운 자리이다.

- **회의 참석 시 바른 자세로 시선을 발언자에 둔다.**

회의가 지루하거나 관심 밖의 화제라 하더라도 끝까지 바른 자세를 유지해야 하며, 시선이 발언자가 아닌 엉뚱한 곳을 보고 있거나 핸드폰, 손장난, 낙서를 하거나 졸지 않도록 유의해야 한다.

- **발언 시에는 요지를 분명히 표현한다.**

발언 시에는 말하고자 하는 내용을 간결하고도 조리 있게 표현한다. 미리 메모하여 보면서 하면 실수를 줄일 수 있다.

10) 회식의 경우

예비교사가 회식에 참석할 것을 권유받을 수 있는데 참석 여부는 상황을 잘 판단하여 결정한다. 좌석은 상위 서열이 자리 잡고 난 후 끝자리에 앉는 것이 좋다. 음식을 주문할 때에도 상급자가 먼저 시킨 후에 해야 하며 대접한 사람에게 감사의 인사말을 잊지 않는다.

11) 출퇴근

예비교사의 출퇴근 시간은 30분 정도 일찍 출근하고 늦게 퇴근하는 자세를 갖는 것이 좋다. 실습 지도교사들은 예비교사 지도에서 가장 중요한 점을 '성실성'으로 손꼽기 때문이다.

• 옷차림

출퇴근 시 예비교사의 옷차림은 평상시에는 아동들과 하루 종일 다양한 활동을 해야 하므로 활동하기에 편한 옷이 좋다.

행사에는 예비교사들도 교사의 품위에 맞는 정장을 입는 것이 좋으며, 예비교사에게는 맨발을 허용하지 않는 경향이 있으므로 덧신, 실내화, 양말 착용 등 교사의 표준적인 규범을 배워야 한다.

• 머리

긴 머리는 활동성을 방해할 수 있으므로 근무 중에는 묶는 것이 좋다. 짧은 머리라도 앞머리가 눈을 가리는 것은 근무 자세에 좋지 않으므로 얼굴이 아동에게 확실하게 드러나도록 하는 것이 깔끔하고 안정감을 줄 수 있을 것이다. 또한 머리염색으로 원래의 머리 색깔로부터 특별히 동떨어진 색깔이 아니도록 주의한다.

• 화장

엷은 정도의 화장이면 무난하나 영아의 경우 스킨십이 많아 현장에서는 화장을 허락하지 않는 경우가 많다. 눈 화장도 파우더와 립스틱에 비해서는 수용하는 범위가 좁은 편이므로 요란하지 않게 한다. 향수는 가급적 사용하지 않는 것이 좋다. 특히 여름에는 땀 냄새와 섞여 주변 사람이 불쾌할 수 있다.

• **장신구**

목걸이는 영아반일 경우에는 아동을 안을 때 걸리거나 아동이 잡아당길 수도 있으므로 사고의 위험이 있다. 흔들거리는 귀걸이는 아동의 시선을 교사의 눈이 아닌 귀에 집중시킴으로써 눈 맞춤에 비교육적인 자극이 될 수 있으며 잡아당기는 사고가 발생할 수도 있다. 돌출한 반지도 아동을 긁히게 할 수 있으므로 근무 중 착용하지 않도록 한다.

12) 물품사용

물품사용 시에도 주의가 필요하다. 사무기기 사용은 비용이 발생하거나 고장이나 사고가 생길 수 있는 문제이므로 사전 허락을 받는 것이 필요하다. 예비교사는 지도교사의 허락 하에서만 물품을 사용해야 될 것이다. 교구제작용 준비물이나 복사용지 같은 것을 개인적인 용도로 쓰지 않아야 한다.

13) 수 업

수업활동에서 가장 중요한 것은 계획안이다. 계획안은 준비성을 드러내는 것이며 미리 잘 준비하면 자신감을 가질 수 있다. 예비교사는 수업에 대하여 지도교사와 의논하여 계획안을 작성해야 한다. 표준보육과정에 따라 지도교사의 지속적인 교육의 흐름과 의도를 주제, 방법, 자료까지 전적으로 따라야 한다.

14) 언 어

예비교사는 수업 시 아동에게 존댓말을 사용해야 한다. 현장에서 교사가 경어를 쓰지 않는 예가 있는데 때로는 자연스러워 보이고 친근감을 주는 것처럼 보인다. 그러나 수업시간에는 아동의 인격을 존중하여 공식적으로 경어를 쓰는 것이 바람직하다. 유행어, 속어나 은어는 지나치지 않는다면 주의를 집중시키거나 흥미를 유발하기 위하여 다소 허용되고 있다. 주의할 점은 지나치지 않게 재치 있게 사용하여야 한다.

15) 인간관계

• 실습기관 원장과의 관계

원장은 그 기관의 최고 책임자로서 존경하고 따른다. 특히 실습 시작과 끝에는 찾아가서 반듯하게 인사를 하는 것이 좋다. 예비교사는 다소 어색하고 번거롭더라도 인사를 철저히 한다.

• 교직원과의 관계

예비교사는 지도교사뿐만 아니라 모든 교직원으로부터 실습 지도를 받는 것임을 명심해야 한다. 교직원 간의 서열을 잘 파악하여 적당히 예의를 갖추며, 친절하게 대해 주면 배우는 사람으로서의 겸손한 태도를 잃지 않고 순종해야 한다.

• 아동과의 관계

아동에게 예비교사는 '가르치는 사람'인 동시에 배우는 입장임을 알린다. 아동에게 애정 어린 태도를 보이는 것은 좋으나 지나치게 개인적인 관계로 발전하지 않도록 절제할 줄 알아야 한다. 또한 예비교사는 어떤 경우에라도(설사 지도교사는 체벌을 하더라도) 체벌을 하지 않아야 한다.

• 예비교사 간의 관계

예비교사들끼리도 존댓말을 사용한다. 예비교사들끼리는 평소에 이름을 부르는 친구라 하더라도 아동과 교사, 학부모 앞에서는 예의를 지키며 '선생님'이라는 호칭을 사용하는 것이 반드시 필요하다. 같은 학교 간의 교사들끼리 지나치게 친한 언행을 자제하고 교사로서의 언어예절을 지킨다.

• 학부모와의 관계

예비교사는 학부모를 면담하지 않는 것이 원칙이다. 학부모와의 관계는 예비교사가 파악하기 어려운 다양한 문제들과 관련이 있을 수도 있다. 예비교사는 그 기관에서 정규직이 아니므로 대외적 문제에 개입하지 않는 것이 바람직하다.

- **기타 종사자와의 관계**

그 외 여러 종류의 종사자들에게는 '배우는 사람'으로서의 입장에서 상황에 맞게 처신하는 융통성을 잘 발휘하며, 존중하고 겸손한 태도를 보여야 한다.

16) 기 타

- **실습일지**

실습일지는 미루지 않고 매일 정리하고 지도교사 수정지시를 반영했는지 검토한다. 커버, 수정액, 클리어 파일사용 등 깨끗하게 유지 관리하는 것이 좋으며, 반드시 매일 휴대하여야 한다. 집에 두고 다니지 않아야 한다.

- **도시락**

점심은 비용이 드는 문제이므로 예비교사는 도시락 지참 여부를 반드시 문의하여 실습기관의 형편에 맞추어 행동한다. 급식이 있더라도 비용문제는 반드시 확인해야 한다. 학급 내에서 허락 없이 개인 도시락을 지참하지 않도록 한다.

- **실내화**

실내화는 덧신이나 양말을 신는 기관들도 있으므로 실습을 나가는 그 기관에 문의해서 정하는 것이 좋다. 일반적으로는 걸을 때 소리가 나지 않으며, 편안하고, 굽과 장식이 없는 것이 좋다. 냄새가 나지 않도록 항상 청결해야 한다.

- **명찰**

명찰은 보통 파견기관에서 배부하나 그렇지 않을 경우에는 만들어서 착용한다. 플라스틱 재료보다 직물 명찰이 영유아에게 안전하다. 파견한 기관명과 '실습생 : ○○○'라고 정자체로 이름을 써서 왼쪽 가슴에 항상 달고 생활한다. 영아반일 경우는 안는 활동 중 해가 되지 않도록 주의한다.

• 앞치마

보육활동에는 앞치마가 필요한 일이 많다. 더러움이 잘 안타고 요란한 장식이나 무늬가 없는 것으로 준비해 둔다. 작업시간, 간식시간, 점심시간, 청소시간에는 앞치마를 작업복 대신에 착용한다. 앞치마는 자주 세탁하여 청결을 유지하여야 한다. 기관별로 앞치마를 사용하지 않는 곳이 있으므로 문의한 후 착용하도록 한다.

• 필기구

예비교사는 항상 필기구를 휴대하여 지시사항이나 중요한 사항은 즉시 기록해 두면 실수를 줄이고 업무를 확실하게 수행하는 데 도움이 된다. 기록을 잘하는 태도는 신뢰감을 준다. 그러나 너무 필기에 몰두하여 상호작용에 방해가 되는 경우도 있으므로 지도교사의 지침을 따른다. 날카로운 자나 칼 등의 문방용품은 주머니에 소지하지 않고 교사용 로커에 보관하고 영유아의 안전에 피해 없도록 유의한다.

• 비상금

만약의 상황에 대처하려면 소액의 비상금을 지참하는 것이 도움이 된다.

06 보육교사와 문서관리

1 이 력 서

이력서는 실습을 나갈 때와 취업할 때 꼭 지참해야 할 서류이다. 자신을 알릴 수 있는 하나의 요약된 문서라고 할 수 있다. 자기가 지원하려는 곳의 채용 목적과 해당 직무에 얼마나 적절한 사람인지를 알릴 수 있는 요소들을 중심으로 작성하는 것이 중요하다.

상대방과 대화를 할 때 상대방이 한 질문이나 관심사에 대해 적절한 답을 해야 대화가 잘 이루어지는 것처럼 내가 표현하고자 하는 내용이 아니라 상대가 듣고자 하는 내용이 이력서에 포함되어야 한다.

면접을 가기 위한 첫 단계 곧, 취업의 일차관문이 바로 이력서이다. 자신을 일목요연하게 알리는 중요한 문서이므로 신중하게 써야 한다.

1) 이력서의 구성 및 작성

(1) 사 진

사진은 반드시 규격에 맞는 것을 사용한다. 그리고 최근 3개월 이내에 촬영한 사진으로 하고 되도록이면 밝은 표정에 정장을 착용하고 찍은 것을 선택하는 것이 좋다.

배경이 지나치게 어둡거나 무늬가 있는 것을 피하고 수정을 많이 해 실물과 너무 다른 것은 신뢰감을 주기 어렵다.

옳은 예	틀린 예			

O	여백 X	크기 X	흐림 X	배경 X

(2) 학력사항 및 자격증

보통 고등학교 졸업사항부터 기재하게 되어 있다. 대학은 입학 – 졸업사항을 같이 기재하게 한다.

어학은 구체적인 점수나 실력 정도를 나타나게 하는 경우가 많이 있고, 자격사항은 국가공인자격증뿐만 아니라 일반단체나 사설기관에서 발행한 것이라도 빠짐없이 기재하는 것이 좋다. 또한, PC 사용 능력은 사용 가능한 소프트웨어 명칭과 활용 능력을 구체적으로 기입한다.

(3) 인적사항 및 연락처

성명은 대개 한글과 한자 또는 영문으로 함께 적도록 하고 있다.

생년월일과 주민등록번호 기입란은 양식에 맞춰 기재하고, 현재 거주하는 주소와 전화번호를 기입한다. 기관 양식에 따라 호주 성명 및 호주와의 관계를 기입한다.

최근에는 e-mail 주소 및 sns도 함께 기입하는 경향이 있다.

(4) 경험사항

해외연수의 경험은 연수국가와 연수내용, 기간 등을 적고 연수를 통해 어떤 것을 보고 느꼈는지에 대해 기술하고 사회봉사활동의 경우는 응시자가 아닌 사회인으로서의 자세, 자질 등을 알아보기 위한 것이므로 그 내용과 기간을 구체적으로 기술한다.

※ 이렇게 작성하라.

- **과장됨 없이 솔직하게 작성!**

만약 거짓으로 이력서를 작성하여 채용된다고 해도 결국에는 거짓말이 들통나므로 최대한 과장됨 없이 솔직하게 작성하는 것이 좋다.

• 읽게 하는 매력을 높이는 전략 활용!

이력서는 전체적인 스타일, 글자체 등이 자신의 첫인상이 되고 읽는 사람이 짧은 순간 관심을 가지고 읽을 것인지 말 것인지를 결정하게 된다. 최대한 이력서를 읽히기 위한 매력을 높이는 것이 바람직하므로 글씨는 모양내기를 하지 말고 정자체로 하고 글씨크기는 11~12 포인트로 한다.

• 정성 들여 깨끗이 작성!

오타가 없는지, 어색한 문장이 없는지 확인한다. 오자, 탈자가 보이면 부주의한 사람으로 보이며 업무능력이 떨어져 보이므로 세심하게 주의한다.

• 지원한 분야와 관련 있는 자격증 및 수상 경력을 제시!

당신의 능력을 증명해 줄 객관적인 자료가 필요하고, 지원한 분야와 관련 있는 자격증은 유리하게 작용한다.

• 대학동아리 활동 및 사회봉사 활동을 강조

21C 시민으로서의 자질을 양성할 수 있는 각종 사회봉사 활동 경험과 동아리 활동을 상세히 언급하는 것도 도움이 된다.

※ 이런 것에 유의하라.

온라인 이력서에 약어 사용이나 오타는 서류 작성 매너에 어긋나며 특히 캐주얼한 방식의 사진보다는 격식을 지킨 사진 제출이 바람직하다. 디지털카메라나 휴대폰카메라로 찍은 사진을 부착하는 경우가 20%를 넘을 정도로 많다고 한다.

오타나 오기가 없도록 할 것
약어, 속어를 쓰지 말 것
최근에 있었던 일부터 기록할 것
디카, 폰카 사진은 'NO'
불필요한 자격증이나 특이한 취미는 적지 말 것

2) 이메일 이력서 작성 시 유의점

최근 우편이 아닌 이메일을 통해서만 이력서, 자기소개서를 접수받는 기관들이 늘고 있다.

이메일 제목에 이름(본명)과 지원 분야를 반드시 기재할 것
이메일 원서 접수 시간을 엄수할 것

채용담당자는 하루 수백 통의 이메일을 받기 때문에 중요한 이력서가 스팸메일로 오해 받는 일이 없도록 해야 한다. 따라서 제목에 입사지원 서류임을 한눈에 알 수 있도록 이름(본명)과 지원 분야를 반드시 기재하는 것이 좋다. 또한 첨부 파일명에도 이름과 지원 분야를 기재한다. 간혹 이메일 원서 접수 시간을 지키지 않고 개인 사정을 이야기하는 것은 업무에 많은 혼란을 야기할 수 있다.

〈표 6-1〉 이력서 예시 1

이　　력　　서

※ 인적사항

성명	한글		주민번호	
	한자		전화번호	
E-mail			핸 드 폰	
호주와의 관계			호주성명	
주　　소				

※ 학력사항

년	월	일	학 교 명	발 령 청
20**	10	7	(현) **대학 *****과 재학 중	총 장
20**	3	2	**대학 ****과 입학	총 장
20**	2	15	**여자 고등학교 졸업	학 교 장

※ 자격 및 상벌사항

년	월	일	자 격 명 칭	발 령 청
20**	2		보육교사 2급 취득 예정	보건복지가족부
20**	2		사회복지사 2급	보건복지가족부
20**	9	23	졸업 작품 및 전시회(부문 : 유아 동극)	**대학 총장
20**			제*회 보육기술 경진대회 상장(부문 : 손인형극)	**대학 총장
20**	6	25	방과 후 아동지도사 자격증 취득	한국 아동 교육 지도자평가원
20**	5	14	제*회 보육기술 경진대회 상장(부문 : 손인형극)	**대학 총장
20**	5	31	유아 레크리에이션 1급 자격증 취득	레크리에이션 연합회장
20**	5	31	유아 체육 1급 자격증 취득	레크리에이션 연합회장

※ 학과 활동 및 경력사항

기 간			활 동 내 용	비 고
20**	11	11	특수아동실습(**학교)	
20**	8	26	**어린이집 봉사	
20**	6 7	27~ 22	**어린이집 본 실습(160시간 이수)	
20**	5	3	공연 봉사 **어린이집(별난재주 삼형제)	
20**	4 4	4~ 15	**어린이집 사전 실습(80시간 이수)	
20**			공연 봉사 **어린이집(아기돼지 삼형제)	

※ 특기사항

과 목	특 기 사 항
OA 실무	Word Processing(한글 2010), MS Office 2010(PowerPoint, Excel)
음악	피아노 반주
풍선아트	풍선아트 기본
아동음악과 동작	손유희 20개

상기 위의 내용은 사실과 다름없음

20**년　　월　　일

***　(인)

〈표 6-2〉 이력서 예시 2

이 력 서

이름		영문		한자	
주민번호				나이	
핸드폰		전화번호			
E-mail			SNS		
주소					

학력사항

재학기간	학교명 및 전공	학점	구분
20**. 03. 02~ 20**. 11.	(현) **대학교 ****과 재학 중	0.0/4.5	졸업예정
20**. 03. 02	**대학교 ****과 입학		
20**. 03. 02~ 20**. 02. 09	**고등학교 졸업		
20**. 03. 05~ 20**. 02. 14	**중학교 졸업		

자격 및 상벌사항

기간	자격명칭	발령청
20**. 02.	보육교사 2급 취득예정	보건복지부
20**. 11. 01	시민안전 체험 수료	서울시민안전체험관
20**. 09. 14	방과 후 아동지도사 자격증 취득	한국아동교육지도자평가원
20**. 08. 22	국가장학1, 국가장학2 수혜(20** - 2학기)	한국장학재단
20**. 02. 21	국가장학1, 국가장학2 수혜(20** - 1학기)	한국장학재단
20**. 08. 22	국가장학1, 국가장학2 수혜(20** - 2학기)	한국장학재단
20**. 11. 28	**대학교 취업 Mind Up Camp 수료	한국능률협회
20**. 07. 20	유아·아동 체육 1급 자격증 취득	사단법인한국레크리에이션연합회
20**. 07. 20	유아·아동 레크리에이션 1급 자격증 취득	사단법인한국레크리에이션연합회
20**. 11. 25	워드프로세서 2급 자격증 취득	대한상공회의소
20**. 09. 10	워드프로세서 3급 자격증 취득	대한상공회의소
20**. 07. 13	국가공인 정보기술자격(ITQ) 자격증 취득	대한상공회의소

학과 활동 및 경력사항

기간	활동내용	기타
20**. 10. 02	제7회 **과 졸업 작품 전시 및 **제 공연 축제 기획팀 및 포토존 동아리 지원 주제 : 우리 동네와 직업 졸업 작품 '세탁기와 옷장', '초콜릿 게임' 전시 작품 '자장면과 철가방', '토스트 놀이'	역할영역, 조작영역교구 제작 및 전시 포토존 동아리 우수상 수상
20**. 10. 02	제7회 ****과 **제 공연 MVP상 수상	
20**. 06. 24~ 20**. 07. 19	국공립 **어린이집(경기도 **시 **동) 본 실습 160시간 이상 이수	만 4세 장애 통합반, 만 5세 장애 통합반
20**. 05. 01	제7회 교내 보육 기술경진대회 기획팀 주제 : 우리 동네와 직업	
20**. 04. 01 20**. 04. 12	국공립 **어린이집(경기도 **시 **동) 사전실습 80시간 이수	만 1세, 만 2세, 만 3세, 만 4세 장애통합반, 만 5세 장애통합반
20**. 11. 08	**대학교 졸업 작품 전시회 페스티벌 참가	교구전시보조 및 정리
20**. 09. 18	제6회 **과 졸업 작품 전시 및 **제 공연 축제 기획팀 및 방송반 동아리 지원 주제 : 지구와 환경	
20**. 05. 02	제6회 교내 보육 기술경진대회 기획팀 및 PPT 동화 지원 주제 : 지구와 환경	PPT 동화 '곰돌아 어디가니?' '까만 크레파스'
20**. 03. 13~ 20**. 04. 10	경기도 ** **어린이집 보조교사 근무	만 1세, 만 2세, 만 3세
20**. 03. 05~ 20**. 11.	**대학교 ****과 임원 선출	
20**. 02. 03	사랑의 연탄 나르기 봉사활동	인천 연탄은행
20**. 07. 10 20**. 07. 17	부평 헌혈의 집 안내 봉사활동	청소년 자원봉사센터
20**. 06. 20	부평구 **동 **어린이집 봉사활동	
20**. 08. 03	부평구 **동 **유치원 봉사활동	

특기사항

과목	특기사항
OA 실무	Word Processing(한글 2005, 한글 2007, 한글 2010)
OA 실무	MS Office 2010(Power Point, Excel)
피아노 반주	동물농장, 모두 제자리, 싹트네 등 다수의 유아 동요

가족사항

관계	성명	연령	직업(근무처) / 직위

위에 기재한 사항은 사실과 틀림이 없습니다.

20년 월 일**

2 자기소개서

자기소개서는 구직자의 문장능력을 통해 지적 능력과 사상을 판단하는 가시적인 기준이다. 자기 소개서에 기술된 내용을 통해 조직사회에서 얼마나 잘 적응할 수 있는지 판단하여 능력 여부와 장래성까지도 판단하게 된다. 이처럼 자기소개서는 이력서와 함께 나의 첫인상이며 나의 능력과 가치를 판단하는 기준이 된다.

1) 자기소개서의 구성 및 도움말

(1) 성장배경

자신을 핵심적이고 뚜렷하게 부각시킬 수 있는 유년의 에피소드나 가족관계에 얽힌 이야기 혹은 자신이 성장한 고향의 이야기 등을 글의 전개에 무리가 가지 않는 선에서 신선하게 끌어들여 말문을 여는 것도 참신한 방법이 될 수 있다.

좀 더 깊이 있게 자신을 드러내려면 유년기에 가졌던 호기심이나 문제의식 등을 전공이나 현재의 관심 분야에 연결시켜 언급하는 것도 읽는 사람에게 깊은 인상을 심어 줄 수 있다. 또한, 어려움이 있었다면 솔직하게 밝히면서 그것이 본인에게 미친 긍정적인 영향이나 어려움을 극복한 과정 등을 정리해 준다면 신뢰를 얻을 수 있을 것이다.

(2) 성 격

대부분의 자기소개서에서 설명하고 있는 자신의 성격은 '적극적이다', '긍정적이다', '명랑하다' 등 긍정적으로 평가 받고 있는 성격에 대한 직접적인 제시어로 끝나는 경우가 많다. 본인의 성격에 대해 언급할 때 단정적으로 "어떻다"

라는 표현보다는 교육관계나 가족관계 등에서 간접적이고 자신을 표현할 수 있는 가벼운 에피소드 등을 소개하는 것도 상투성을 피하는 한 방법이 될 수 있다.

그리고 성격에서 자신 있는 점이 있다면 상대에게 거부감을 일으키지 않을 정도의 어법으로 구체적인 표현을 해주는 것이 좋고 만일 단점이 있다면 무조건 표현을 피하는 것보다는 개선의 의지와 노력을 보이면서 드러내 주는 것도 솔직하고 발전적인 인상을 줄 수 있다.

(3) 학창생활

학창생활에서 주요하게 다뤄야 할 부분은 대학생활이다.

그 이전의 생활들은 특징적이고 개괄적인 것을 간단히 소개하는 선에서 마무리하고 본격적인 이야기는 대학생이나 최종학교의 생활에 맞춘다. 전공이나 활동했던 분야를 구체적으로 서술해 주는 것이 좋다.

수업 외 시간 관리를 한 방식이나 관심 있는 분야에 쏟았던 열정 등을 패기있게 표현하는 것이 좋으며, 관심 분야나 활동 분야는 구체적이고 심도 있게 다뤄준다.

예를 들어, 읽었던 책 중 자신에게 가장 큰 영향을 미친 책을 고르고 그 이유를 기술한다. 책을 읽은 목적, 전공 선택에 대한 열정 또는 전공과의 연관성 등에 대해 나타내 주는 것이 좋다.

(4) 지원동기 및 앞으로의 포부

전반부에서 유능한 인재로 판단이 됐다 해도 이 부분에 확고한 모습을 볼 수 없을 때 결정적으로 신뢰감을 주지 못하게 된다.

기본적으로 강한 의지를 담되, 지원하려는 곳의 구체적인 환경에 대한 사전지식 속에서 솔직하게 쓰는 것이 가장 좋은 방법이다.

※ 이렇게 작성하라.

• 구체적으로 써라!

“다양한 아르바이트를 통해 경험을 쌓았습니다”, “여행을 통해 많은 것을 느꼈습니다”라는 말보다는 어떤 아르바이트를 하면서 무슨 일을 하였고, 그러한 것들이 현재 어떤 식으로 도움이 되는지 구체적으로 기술하는 것이 좋다.

• 장점과 단점을 기술하라!

장점과 단점의 나열 그 자체보다 이유의 기술이 중요하다. 그리고 단점을 개선하기 위해 어떤 노력을 하고 있는가를 논리적으로 써야 한다. 특히 장점과 단점이 서로 모순되지 않도록 한다. 예를 들면, 성장배경에는 차분한 성격이라고 기록되어 있는데 다른 부분 서술 시 성격이 급하다고 쓰기도 한다.

• 최소한의 표현은 반드시 기재해야 한다!

자신의 강조하고 싶은 부분은 중점적으로 언급하되, 개인을 이해하는 데 기본 요소가 되는 성장과정, 지원 동기 등은 반드시 기재하도록 한다.

• 일관성 있는 표현을 사용하라!

문장의 첫머리에는 “나는…이다”라고 했다가 어느 부분에 와서는 “저는…습니다”라고 혼용해서 표현하는 경우가 상당히 많이 있다. 어느 쪽을 쓰더라도 한 가지로 통일해서 사용하고 호칭, 종결형 어미, 존칭어 등은 일관된 표현으로 쓰는 것이 바람직하다.

• 초고를 작성하라!

한 번에 작성하지 말고, 초고를 작성하여 여러 번에 걸쳐 수정 보안해야 한다.

※ 이런 것에 유의하라.

문체는 짧게 한다. 맞춤법과 띄어쓰기를 철저히 점검해야 한다.

긴 문장보다 짧은 단문형이 말에 힘이 있고 표현이 명료하게 된다. 분량은 A4용지 1장~1장반 정도가 무난하다.

맞춤법과 띄어쓰기 같은 사소한 실수는 정확성이 없어 보이게 하며 신뢰감을 주지 못한다. 사람의 능력을 평가하는 기회가 되지 때문이다.

취업기관의 유형에 맞춰 그때마다 알맞은 자기소개서를 따로 쓴다.

실습 때와 취업 때는 다른 소개서를 써야 한다. 대상에 따라 표현과 강조점을 다르게 하는 것이 좋다.

2) e-mail 자기소개서 작성 시 유의점

최근 e-mail 이력서 제출 시 자기소개서도 함께 접수 받는 기관이 대부분이다.

기관별 이메일 자기소개서 문자수를 반드시 지켜라. 이메일 자기소개서 접수 시간을 반드시 지켜라. 지원 분야를 반드시 명시하고 관심 직무 및 경험을 표기하라

본인을 지칭할 때 '저'라는 나를 낮추어 가리키는 말로 사용한다.

관련 직무 및 연구 경험 기술 시 실습을 통한 교재교구 연구 개발, 영유아 관찰 분석 사례와 수업 시 상호작용 등을 포함한 연구 경험을 다양하게 기술한다.

〈표 6-3〉 자기소개서 예시

자 기 소 개 서 예시

성장과정

저희 부모님은 무엇보다도 가족 간의 사랑과 신뢰를 중요시 여기시며 저도 역시 가족 간의 사랑과 신뢰가 인생에서 중요하다고 생각합니다. 매일 저녁식사 시간 후 온 가족이 둘러 앉아 하루 일과를 정리하며 이야기를 나누었습니다. 막내로 부모님과 오빠의 사랑을 많이 받고 자란만큼 상대방을 사랑할 줄 알고 존중하고 베푸는 사람이 되라고 지금도 부모님의 가르침을 받고 있습니다.

학창생활

후회 없는 대학생활을 위해서 봉사 및 다양한 활동을 하였고, 학과 행사 때에는 사진촬영과 비디오 촬영을 하기도 했습니다. 졸업전시에서는 교재교구 개발 작품, 졸업공연에서는 **** 등 학교 행사에 적극적으로 참여하였습니다. 2년 동안 학교를 다니면서 보육교사로서의 자질을 배우고 익히기 위해서 보육과정의 기초 이론뿐 아니라 사전실습 및 본 실습을 이수하였습니다.

성격 및 생활신조

저는 운동을 좋아하며 활발하여 다양한 친구들을 사귀는 편입니다. 스터디 그룹친구, 운동친구, 동아리친구 등 사교성이 좋아 새로운 사람들이나 여러 사람들과 이야기하고 함께 하는 것을 좋아합니다. 사람들을 좋아하다보니 거절을 잘 못해서 고생하는 경우가 종종 있지만 긍정적인 사고방식을 가지고 있어 시간이 지나면 다 잊는 성격입니다.

저의 신조는 '*** 마인드'입니다. 타인과 만나는 모든 만남을 ***와 같이 상대의 마음을 쉽게 받아들이고, 저의 마음 또한 쉽게 전달할 수 있어야 한다고 생각합니다.

지원동기 및 포부

아동보육의 여러 과목을 공부하면서 '어린이는 나라의 보배'라는 생각을 많이 했습니다. 평범하지만 가장 중요하다는 생각이 들었고, 이런 나라의 보배인 어린이들에게 '교육'이 중요하고 또 교육을 할 교사가 중요한 임무라는 생각이 들어서 원에 흔쾌히 지원하기로 결정했습니다. '누군가를 가르치기 위해서는 10배의 노력을 해야 한다'는 말과 같이 교사는 학습에의 노력을 많이 해야 한다고 생각하기 때문에, 항상 노력하고 투자하고 고민하는 교사가 되고 싶습니다. 주위에서 '보육교사'라 하면 ****로 생각하기도 하는데, 저는 아이들이 자신의 잠재능력을 발휘할 수 있도록 도와주고 싶습니다. 아이들이 쉽게 다가오고 편한 교감이 이루어지도록 항상 '만남'을 소중히 하는 자세로 노력할 것입니다.

작성일자 : 20**년 **월 **일

작성자 : *** (인)

〈표 6-4〉 자기소개서 예시

자기 소개서

지원 분야 및 관련 직무 및 연구 경험	저는 20**년 ****재단 위탁어린이집 정기채용 신입 교직원에 지원합니다. 제가 신입 교직원으로 지원하기 위하여 준비한 관련 직무로는 현장에서의 경험을 키울 수 있는 사전실습과 본 실습, 대학에 진학하여 '아동보육'을 전공하면서 이론적인 지식을 갖춘 것입니다. 또한 교구 제작 및 다양한 영역에서의 모의수업을 경험하며 보육교사의 자질을 키워왔습니다. 현장에서의 사전실습 총 80시간을 통하여 만 1세, 만 2세, 만 3세, 만 4~5세 장애 통합반에 참여하여 다양한 영유아들과 친밀한 관계를 형성할 수 있었고, 면밀히 관찰하면서 영유아 개개인의 특성을 관찰해 볼 수 있었습니다. 본 실습 총 160시간을 통해서 사전 실습을 할 때에 가장 긍정적인 상호작용을 하였던 만 4~5세 장애 통합반을 하고자 지원하였고 장애 통합반 유아들과 함께 생활하면서 장애아와 소통하는 방법을 익히게 되었습니다. 모의수업으로는 "건강과 안전 및 영양"의 주제로 이야기 나누기, 역할영역, 쌓기영역, 언어영역, 과학영역에서 부분 및 연계수업을 하였고 **의 주제로 올데이 수업을 하였습니다. ** 교과목을 배우면서 장애아를 직접적으로 관찰해 보기 위하여 **에 위치한 어린이집'으로 견학을 하게 되었는데, 실습 때에 장애 통합반의 경험이 있어서 그런지 장애아동에 대하여 거리낌 없이 다가갈 수 있었고, 눈빛을 마주하고 고개를 끄덕이는 등의 정서적 교감과 손을 마주잡고 장애아동을 안아주는 등 신체적 접촉을 통하여 장애아와 더 친밀한 상호작용을 할 수 있었습니다. 영유아의 연령별 특성과 발달을 고려하여 다양한 교구를 제작하기 위하여 심미성과 견고함을 바탕에 두고 제작 전 교구를 구성할 계획을 세운 후, 알맞은 재료를 선정하여 교구를 완성시켰습니다. 이러한 과정을 통하여 성취감과 자신감을 얻을 수 있었습니다. 또한 만든 교구를 활용하여 모의수업을 준비하여 보기도 했으며, 교구 외에 가사 판, 동시 판, 피아노 연주 등 다양한 수업 교재·교구를 활용한 모의수업을 해 보며 영유아들과 함께 수업할 날을 상상하면서 최선을 다하였습니다. 처음에는 영유아들의 사랑스럽고 귀여운 모습에 보육교사를 꿈꿔왔지만 대학에 진학하여 '**개론', '**교육', '**발달' 등의 이론과목을 배우면서 전문적인 지식을 갖추게 되었으며 '**지도'를 배우면서 필기시험과 연수과정을 거쳐 ** 자격증을 취득하게 되었습니다. 특히 **을 배우면서 다양한 재료로 미술의 심미성을 경험 해 보았으며, 작품을 완성시킬 때 마다 포트폴리오에 끼워 보관하면서 성취감을 얻을 수 있었습니다. ** 과목을 통하여 친구들 앞에서 피아노를 연주해 보는 기회를 가지게 되었으며 그 기회를 통하여 자신감을 얻을 수 있었습니다. 또한 음악을 듣고 몸을 이용한 자유로운 신체 동작을 표현해 보면서 영유아의 신체적인 발달에 도움이 되는 것을 느낄 수 있었습니다.
성장과정 (가족사항, 본인성격, 장단점, 좌우명 포함)	저는 언니와 두 살 터울로 동생이 있으며 아버지를 일찍 여의어 가족 모두에게 정서적으로 힘든 시간이었으나 어머니와 언니 그리고 동생이 든든한 버팀목 역할을 해 주었으며 저 또한 가족들에게 도움이 되기 위하여 서로를 배려하고 각자의 생각을 표현하며 대화를 나누는 기회를 늘리면서 이해심을 기르게 되었습니다. 힘들었던 시간을 함께 하였기에 가족의 소중함을 깊이 알게 되었습니다. 이러한 경험을 바탕으로 성인뿐 만 아니라 영·유아도 건강이 바탕이 되었을 때 신체적, 정서적으로 행복할 수 있음을 깊이 생각하게 되었고 영유아 개개인의 존재

	자체로도 가치가 있다는 것을 생각해 볼 수 있었습니다. 저희 가족은 긍정적으로 생각할 수 있도록 서로를 격려하고 도움을 주고받으며 지내고 있습니다. 화목한 가정 분위기 속에서 저는 스스로 사랑받고 있는 딸이라는 것을 항상 느꼈으며, 이러한 느낌이 현재 제 자신의 긍정적 자존감 형성에 영향을 미친 것 같습니다. 저는 사랑은 받아본 사람이 더 많은 사랑을 베풀 수 있다고 생각합니다. 또한 어디서나 인정받는 사람이 되라는 어머니의 가르침 아래 항상 유능한 사람으로 성실한 생활을 하려고 노력하고 있습니다. 저는 사람들과의 관계를 중요시 여기는 성격이기 때문에 사소한 것이라도 많이 챙기려고 노력하며, 활발하고 적극적인 성격이어서 주변에 좋은 사람들이 늘 함께하는 편입니다. 또한 사교적이어서 처음 보는 사람들과도 자연스럽게 어울립니다. 저는 적응력이 빠르고, 타인과 대화를 나누면서 타인의 말하는 태도나 행동에 대하여 배울 점을 칭찬하며 그것을 흡수할 수 있도록 노력합니다. 때로는 다른 사람의 입장을 너무 생각하여 우유부단할 때도 있지만 이러한 단점이 어떠한 결정을 내릴 때 충동적이지 않고 조금 더 깊게 생각하는 신중함을 나타낼 수 있다고 생각합니다. 또한 저에게 주어진 일에 책임감을 갖고 준비하며 수첩과 펜을 항시 가지고 다니며 메모를 하면서 계획을 세우고 일을 잘 마무리한다는 장점이 있는 반면에 다소 고민이 많다는 것이 단점입니다. 하지만 고민한다는 것은 다가올 미래를 생각한다는 것을 의미하기 때문에 이러한 단점도 장점으로 작용할 수 있도록 유연하게 생각하고 노력하겠습니다. 저의 좌우명은 '땀 없이는 달콤함도 없다!' 라는 것입니다. 모든 일에 있어서 성실함은 한 사람을 평가하는 데 중요한 기준이라고 생각합니다. 목표를 가지고 끊임없이 노력하며 사소한 일을 하더라도 진심을 다해 하고 싶습니다. 또한 모든 일에 적극적으로 부딪히는 자세를 통하여 제가 맡은 일에 열정을 가지고 최선을 다하는 사람이 되고 싶습니다.
경력사항 (학업 및 사회경험 등)	초등학교 때 방과 후 수업을 듣고 워드프로세서와 국가공인기술자격증(ITQ)을 취득하였고, 고등학교에서 학급의 컴퓨터 기자재 관리 및 담당을 하였습니다. 자격증을 취득한 것이 대학교에서 동아리 활동을 하는 데에 많은 도움을 받았습니다. 대학 재학 중에는 유아·아동 레크리에이션 1급 자격증과 유아·아동 체육 1급 자격증을 취득하였고, 방과 후 아동지도 교과목을 충실하게 배워 필기시험과 연수과정을 통하여 방과 후 아동지도사 자격증을 취득하였습니다. 초등학교 시절 교내 과학 발명품 경진대회에서 우수상을 수상하였고, 교내 과학 표어짓기 대회에서 창의적인 표어를 선보여 장려상을 받았습니다. 호국보훈의 달 행사에 애국정신을 가지며 호국 보훈의 달 포스터 그리기 대회에서 장려상을 수상하였고, 중학교 재학 중 호국 보훈의 달 행사 웅변대회에서도 장려상을 받았습니다. 이러한 적극적인 성격으로 고등학교 재학 중 학교 행사에 빠짐없이 참가하여 노력한 결과 학교 축제 사회자로 선발되어 학우들을 위한 공동의 목표를 실천하기 위하여 책임감을 가지고 노력하였습니다. 문학과 창작에 관심이 있어 교내 독후감 쓰기대회에 매년 성실하게 참여하여 은상, 장려상, 동상을 수상하는 결과를 얻었습니다. 또한 남다른 봉사정신과 강인한 리더십으로 학급의 반장과 부반장으로 매사에 최선을 다해 행동하고 책임을 가지고 생활한 결과 고등학교 재학 중에 선행부문, 봉사부문에서 표창장을 수상하였습니다. 대학 재학 중에는 임원 활동을 통해 다른 임원과 목표를 계획하고 실천하면서 우정과 단합을 경험하였으며, 앞으로 보육교사가 되어서도 동료 교사들과 서로 협력하며 긍정적인 상호작용을 통하여 원만한 관계를 유지해 나갈 것입니다. 학기 초에는 보조교사로 근무를 하면서 '아동보육'이라는 전공을 잘 선택하였다고 느꼈

	고, 영유아들에게 애정적이고도 반응적인 좋은 보육교사가 되어야겠다고 결심하게 되었습니다. 사전 실습에서는 면밀히 관찰하면서 영유아 개개인의 특성을 알 수 있었으며, 본 실습에서는 만 4~5세 장애 통합반을 맡아 장애아와 소통하는 방법을 익히게 되었습니다. 이러한 경험을 토대로 보육교사라는 직업이 제 진로에 적합하다고 생각합니다. 또한 졸업 작품 전시 및 축제를 위하여 교구를 제작하면서 '영유아들에게 이러한 교구를 만들어 주면 참 좋아하겠다.' 라는 생각과 영유아의 연령 및 발달특성을 고려하여 계획안을 작성하고 수정 및 보완해가며 교구를 완성하였습니다. 노력하여 완성된 교구를 보며 성취감과 예비 교사로서의 자신감을 가질 수 있었습니다. 방송반과 PPT(Power Point)동화 동아리로 학교 활동에 참여하였고 학과 내 축제에서 원아들을 초대하여 정해진 주제로 사진을 찍을 수 있는 공간을 꾸미는 포토존을 담당 및 기획하였으며 매사에 적극적으로 참여한 결과 수상의 좋은 결과를 얻었습니다. 학창생활을 보내는 동안에 미래의 준비된 보육교사가 되기 위하여 끊임없이 노력하고 성실하게 생활해 왔습니다.
입사 지원동기 및 입사 후 포부	고등학교 시절 마음을 감동시킨 문구를 읽었던 기억이 있습니다. '영유아들의 머릿속은 스케치북과 같다. 그러한 스케치북이라는 공간에 여러 가지 재료를 사용하여 머릿속을 다양하고 풍부하게 채워주는 것을 도와주는 역할이 바로 보육교사이다.'라는 문구였습니다. 이 문구를 읽고 저는 깊은 감명을 받았고, 고등학교 시절에는 영유아들의 귀엽고 사랑스러운 모습을 보면서 순수하고 예쁜 아이들 머릿속을 영유아 개개인의 재량과 능력대로 펼쳐볼 수 있도록 도와주는 보육교사가 되어야겠다고 꿈꿔왔습니다. 그리고 대학에 진학하여 구체적으로 이론과목을 배우며 전문지식을 쌓게 되었고, 본 실습을 통하여 실전과 같은 현장경험을 해 보며 영유아들에게 사랑을 줄 수 있고 유능한 교사가 되고 싶다는 결심을 하게 되었습니다. 저는 아이들에게 모범이 되는 교사가 되고 싶습니다. 한 인간이 성장함에 있어서 가장 중요한 시기인 영유아기 때 부모 다음으로 가장 중요한 역할을 하는 보육교사의 인격이 나쁘다면 그 모습을 보고 배우는 영유아의 발달에 나쁜 영향을 미칠 것입니다. 따라서 저는 아이들에게 좋은 모델링이 될 수 있는 교사가 되겠습니다. 또한 다른 사람을 존중하고 기쁘게 생활하는 어린이로 성장할 수 있도록 교육하는 교사가 되도록 노력하겠습니다. 영유아는 신체적, 정서적으로 건강할 때 기쁘게 생활할 수 있습니다. 심신이 건강하고 활기찬 영유아가 될 수 있도록 옆에서 민감하게 반응하고 긍정적인 상호작용을 하는 교사가 되겠습니다. 보육교사는 전공 지식을 갖춘 전문적인 교사의 역할과 더불어 아이들의 연령 및 발달에 맞게 건강한 성장을 도모하며 각 영유아의 개별적인 특성을 존중하고 이해해주는 마음을 가져야 한다고 배웠습니다. 아이들의 개별적인 특성에서 나오는 생각을 자유롭게 이야기 나눌 수 있고, 창의적인 생각이 더 높게 날 수 있도록 유도질문을 많이 할 것입니다 또한 아이들이 건강하고 긍정적인 성장을 할 수 있도록 아이들을 사랑하는 마음으로 대하고 긴밀한 애착관계를 형성하도록 노력할 것입니다. 사랑을 많이 받은 아이는 다른 사람에게 사랑을 줄 수도 있고 자신을 사랑하는 방법도 잘 안다고 생각합니다. 아이들에게 사랑이라는 것을 머리가 아닌 가슴으로 느낄 수 있도록 알려주고, 그 사랑을 좋은 밑거름으로 삼아 행복한 어린이로 성장할 수 있도록 최선을 다하고 열정적인 교사가 되고 싶습니다.

3) 면 접

이력서와 자기소개서를 접수하고 나면 면접을 하게 된다.

면접에서 교사가 갖추어야 할 여러 가지 능력에 대해 평가하게 된다.

미국의 교사 선발 면접 시에 다음과 같은 능력에 대해 평가하는 것을 볼 수 있다(손미령, 정영근, 2011).

• 대화법

지원자는 명쾌하고 명료하게 질문의 요지를 파악하고 대답하는 천부적인 대화법을 지니고 있다.

• 논리성

사고가 안정적이고 논리 정연하여 개인적인 의견과 잘 조화되어 상대방에게 설득력 있게 전달된다.

• 문장력

문장이 논리적이며 명확하고 문법적 결함이 없다.

• 설득력

지원자는 어투에 당당함이 묻어나고 대체적으로 자신감에 차 있다.

• 자아 성찰력

자신에 대한 분명한 통찰력이 있으며 상대방에게 강한 인상을 준다.

• 전문성과 철학

교육철학자들의 철학과 교육공헌도가 지원자의 교육관이나 교수법에 적합하게 인용되어 있으며 전문적인 용어와 이론의 사용이 돋보인다.

• 판단력

다양한 교육철학과 방법론에 대해 분명하게 인식하고 있으며 탐구하고자 하는 의욕이 돋보인다.

• 유아교육학 관련 지식

전공 분야에 전문적인 지식과 현장경험을 지니고 있다

• 일반상식

교직과 아동학 등 전공 분야 외에 사회 제 현상에 관해 관심을 지니고 있다.

2015년 교육부의 "NCS 기반 교육과정 가이드라인"에서는 보육교사의 직업기초능력을 제시하고 있다.

평가영역	평가문항
의사소통능력	업무를 수행함에 있어 다른 사람이 작성한 글을 읽고 그 내용을 이해할 수 있다.
	업무를 수행함에 있어 자기가 뜻한 바를 글로 나타낼 수 있다.
	업무를 수행함에 있어 다른 사람의 말을 듣고 그 내용을 이해할 수 있다.
	업무를 수행함에 있어 자기가 뜻한 바를 말로 나타낼 수 있다.
자기개발능력	자신의 흥미, 적성, 특성 등을 이해하고 이를 바탕으로 자신에게 필요한 것을 이해할 수 있다.
	업무에 필요한 자질을 지닐 수 있도록 스스로를 관리할 수 있다.
	끊임없는 자기개발을 위해서 동기를 갖고 학습할 수 있다.
자원관리능력	업무수행에 필요한 시간자원이 얼마나 필요한지를 확인하고 이용 가능한 시간자원을 최대한 수집하여 실제 업무에 어떻게 활용할 것인지를 계획하고 할당할 수 있다.
	업무수행에 필요한 자본자원이 얼마나 필요한지를 확인하고 이용 가능한 자본자원을 최대한 수집하여 실제 업무에 어떻게 활용할 것인지를 계획하고 할당할 수 있다.
	업무수행에 필요한 재료 및 시설자원이 얼마나 필요한지를 확인하고 이용 가능한 재료 및 시설자원을 최대한 수집하여 실제 업무에 어떻게 활용할 것인지를 계획하고 할당할 수 있다.
	업무수행에 필요한 인적자원이 얼마나 필요한지를 확인하고 이용 가능한 인적자원을 최대한 수집하여 실제 업무에 어떻게 활용할 것인지를 계획하고 할당할 수 있다.

평가영역	평가문항
대인관계능력	다양한 배경을 가진 사람들과 함께 업무를 수행할 수 있다.
	업무를 수행함에 있어 다른 사람을 이끌 수 있다.
	업무를 수행함에 있어 관련된 사람들 사이에 갈등이 발생하였을 겨우 이를 원만히 조절할 수 있다.
	업무를 수행함에 있어 다른 사람과 협상할 수 있다.
	고객의 요구를 만족시키는 자세로 업무를 수행할 수 있다.
정보능력	업무에 관련된 정보를 수집, 분석, 조직, 관리, 활용하는데 있어 컴퓨터를 사용할 수 있다.
	업무에 관련된 정보를 수집하고 이를 분석하여 의미 있는 정보를 찾아내며 의미 있는 정보를 업무수행에 적절하도록 조직하고 조직된 정보를 관리하며 업무수행에 이러한 정보를 활용할 수 있다.

3 일지 기록

보육실습일지는 예비교사 실습의 전 과정을 비추어 주는 기록장이므로 구체적이며 실질적으로 철저하게 작성하여야 한다(부록 참조).

보육실습일지는 예비교사가 실습기간 동안 자신의 실습활동 내용을 매일 단계별 · 영역별로 기록하고, 지도교사 및 시설장의 지도 · 평가 내용을 함께 기록하도록 되어 있는 활동 기록장이다.

예비교사는 실습 첫날부터 끝나는 날까지 하루의 일과 및 그날의 실습내용 · 평가 · 반성을 기록하고 지도교사의 평가와 조언을 받아 원감 또는 원장에게 제출한다. 실습을 마친 후에는 대학의 실습과목 지도교수에 제출하여 검토와 지도를 받아 실습의 전 과정을 마치게 된다.

보육실습일지를 기록할 때에는 실습일지를 보는 사람이 예비교사의 실습과정을 비디오로 보는 것같이 느끼도록 기록한다. 실습 전체의 내용, 느낌 및 반성을 상세히 기록하고, 간결하면서도 구체적이며 명확하게 기록한다. 또한 예비교사의 주관적인 소감과 객관적인 사실을 구분하여, 편견이나 선입관 없이 기록한다. 매일 기록함으로써 실습의 전 과정에 대한 자기평가 능력을 기를 수 있으며, 앞으로의 실습과정을 예측 · 준비할 수 있기도 하다. 또한 지도교사의 조언 및 평가를 통해서 실습에 보다 적극적인 자세로 임할 수 있다.

실습일지는 예비교사로서 자질을 갖추어 가면서 성장하는 자서전적 기록이므로 실습을 마친 후에도 귀중한 자료가 된다.

보육실습일지 기록의 일반적인 유의사항은 다음과 같다.

1) 일지 기록

(1) 매일 기록, 지도교사 및 원장의 점검

예비교사는 하루일과가 끝나면 일지를 기록하여 지도교사에게 제출하고 다음날 아침에 출근하여 되돌려 받는다. 대부분의 지도교사는 일지를 매일 제출해야 하며, 퇴근하기 전에 작성하도록 지도한다. 일지를 제출할 때에는 예비교사의 도장을 먼저 날인하여 제출하며, 실습이 끝나면 대학에 제출한다.

(2) 구체적으로 자세하게 기술

일지를 기록할 때에는 지도교사와 아동의 상호작용 및 활동방법 등을 기록한다. 기록할 내용이 많아 일지의 여백이 부족할 때에는 별도의 용지에 기록하여 일지에 붙인다.

(3) 간결하면서 분명한 단어로 표현

일지작성 시 불분명하고 모호한 단어, 지나치게 긴 문장의 사용은 자제하고 정확한 단어와 간결한 문장으로 기록한다. 특히, 지도교사와의 협의 및 전달사항은 간결하고 분명하게 정리 · 기록하며, 확실하게 마무리 지어졌는지 확인한다.

(4) 정자체로 기록하고, 표준어 사용

실습일지를 자필로 기록할 때에는 깨끗하게 정자체로 기록하도록 하며, 탈

자나 오자가 없도록 한다. 컴퓨터로 일지를 작성할 때에도 알아보기 쉽도록 작성하며, 표준어를 사용한다.

(5) 사진 및 그림 자료 첨부

지도교사와 아동의 활동과정, 학습자료, 활동의 결과물로 나온 작품, 하루일과 모습 등 참고할 수 있는 자료는 사진을 촬영하여 기록한 내용에 첨부한다.

2) 출근부

출근부는 예비교사의 출근 및 결근, 지각, 조퇴 등의 출근 상황을 적는 장부이다. 실습 어린이집명과 예비교사의 학번 및 성명, 실습기간, 날짜와 요일을 반드시 기록한다. 비고란의 결근수 · 지각수 · 조퇴수는 실습 어린이집에서 기록한다.

예비교사는 실습 어린이집에서 정해 준 출근시간보다 10분에서 20분 정도 일찍 출근하도록 한다. 출근 시 바로 출근부에 도장을 찍거나 사인을 하고, 출근시간도 함께 기록하는 것이 좋다.

3) 실습 일정표

보육실습은 실습 어린이집의 상황이나 지도교사의 교육관에 따라 달라질 수 있다. 일반적으로는 4주에 걸쳐 참관부터 종일수업까지 경험하게 되며, 보육교사로서의 직무를 전체적으로 수행하게 된다(박낭자 외 8인, 2006).

첫째 주, 어린이집 현황과 실습의 전반적인 과정에 대한 오리엔테이션을 받고, 실습 일정표를 작성하여 일지에 보관한다. 또한 영유아 관찰과 영유아의 교우도를 작성한다. 이 시기에 예비교사는 가능한 한 빨리 영유아의 이름과 얼굴을 기억하도록 하며, 지도교사와 충분히 상의하여 지도계획을 세우도록 한다.

둘째 주, 보육활동 및 생활지도에 참가하면서 영유아 관찰내용과 교재연구 및 교구제작 계획서를 어린이집에 제출하고 점검받은 내용은 일지에 철해둔다. 부분수업을 경험할 수도 있다. 이 시기에 예비교사는 영유아의 수준과 특성을 잘 파악하여 부분수업 및 실제수업 준비에 반영하도록 한다. 또한 자유놀이 및 지도교사의 수업에 필요한 교구를 함께 제작하고, 전반적인 실습 일정에 대해서 확인하고 잘 따라갈 수 있도록 자기점검 시간을 갖도록 한다.

셋째 주, 그동안의 실습을 토대로 부분수업과 연계수업을 진행한다. 보육활동계획안과 교재교구제작계획안을 지도교사와 상의하여 제출하며, 부적응 영유아 지도계획을 작성한다. 부분수업과 함께 간식지도 및 자유놀이지도, 등·하원 지도를 부분적으로 경험하며, 교사 회의에 참여하여 회의내용을 메모한다.

넷째 주, 실습의 마지막 주로 종일수업과 교구 제출을 한다. 영유아의 생활지도나 놀이지도를 실제로 지도하며, 실제 보육교사로서의 모든 역할을 경험하게 된다. 실습 마지막 요일에는 전체적인 보육실습에 대한 평가와 보육교사로서의 자질에 대해 토의하며, 실습을 마무리하게 된다. 실습생은 무엇보다 수업준비를 충실하게 하여 종일수업을 잘 진행하며, 실습 마무리를 잘 할 수 있도록 힘쓴다.

4) 실습기관의 대지 및 평면도 작성

보육시설의 대지 및 평면도를 그릴 때에는 대지, 건물, 실외놀이터 형태, 놀이기구 및 시설, 설비 등을 포함한 보육시설 전체의 배치도를 그린다. 상가건물인 경우에는 건물 내의 교실, 입구, 화장실, 계단 등 기타 시설, 설비의 위치를 자세하게 그린다. 또한 보육시설의 건물 형태 및 실내외 시설·설비의 위치, 특징을 기록하고, 가능한 도식을 사용하여 그린다. 어린이집에 대지 및 평면도가 있으면 자료를 받아 붙이도록 한다.

교실 평면도 및 환경구성도를 그릴 때에는 교실의 출입구, 창문, 싱크대 등의 시설을 그리고 기록한다. 또한 실습 학습의 실내 흥미영역의 배치를 자세하게 그리고 해당하는 영역명을 기록한다. 특징적인 교구 및 학습자료, 벽면구성, 게시물, 교구장의 배치 및 교구의 특징을 기록한다.

5) 교육계획안

연간교육계획안, 월간교육계획안, 원의 행사 홍보물도 함께 기록한다. 자세한 요일별 활동은 기록하지 않는다. 주간교육계획안은 월간교육계획을 더 상세히 나누어 계획하고 기록한 것이다. 주간교육계획안에는 하루일과의 흐름이 기록되어 있어야 하며, 활동명, 주제 및 목표, 간식 및 점심식단, 가정 통신문, 행사 등의 내용이 가능한 한 상세하고 명확하게 기록되어 있어야 한다.

실습생은 실습을 시작하면, 실습 어린이집에서 연간 및 월간·주간 교육계획안을 받아 일지에 붙이도록 한다.

6) 관찰 기록

관찰은 일상생활의 자연스러운 행동을 연구하는 데 가장 적합한 방법으로, 객관적 자료를 수집하기 위한 절차이다. 관찰을 통하여 영유아의 발달을 여러 측면에서 봄으로써 발달 정도와 개인차를 알 수 있으며, 관찰을 토대로 실제 보육활동에 반영시킬 수 있다. 또한 영유아가 가지고 있는 문제점이 무엇인지 분석하고 진단해 볼 수 있는 기회가 되며, 편견 없이 객관적으로 영유아를 바라볼 수 있게 된다. 보육현장에서는 하루일과에서 관찰한 내용을 기록함으로써 학부모와 면담자료나 영유아의 성장 프로그램 파일, 영유아 지도 자료를 사용한다.

실습생은 지도교사와 협의한 후 관찰 기록을 실습 초반에 시작한다. 실습생이 기록하는 관찰방법은 표본식 기술로 그 상황을 보지 않은 사람도 기록을 보고 그 당시의 상황을 그대로 재현할 수 있을 정도로 자세하게 기록한다. 관찰 기록을 작성할 때에는 관찰대상자를 정하고, 문제행동의 발생 유무뿐 아니라 행동의 순서까지 정확히 기록한다. 또한 관찰대상 영유아의 행동 및 장소, 관찰 목적, 장면을 결정하여 기록하고, 상황의 정확한 이해를 위하여 관찰행동의 전후 상황도 자세하게 기록한다.

〈표 6-5〉 **보육실습일지의 예(만 1세반)**

<table>
<tr><td>날짜</td><td>5월 7일 목요일</td><td rowspan="2">결재</td><td>보육실습생</td><td>보육실습
지도교사</td><td>원장</td></tr>
<tr><td>날씨</td><td>맑음</td><td>印</td><td>印</td><td>印</td></tr>
<tr><td>주제</td><td colspan="5">나</td></tr>
<tr><td>소주제</td><td colspan="5">내 얼굴은 예뻐요</td></tr>
<tr><td>일일목표</td><td colspan="5">자기 얼굴과 얼굴 부위 명칭에 대해 긍정적인 관심을 가진다.</td></tr>
<tr><td>시간</td><td colspan="3">활동 명 및 내용</td><td colspan="2">비고</td></tr>
<tr><td>등원지도 및
자유선택 활동
(08:30~09:40)</td><td colspan="3">▶ 등원 시 영아의 기분에 공감하며 맞이한다.
● 영아가 친숙한 놀이를 시작하면 함께 마주앉아 자연스럽게 참여한다.
● 미술 : 밀가루반죽 얼굴꾸미기(밀가루반죽, 접시)
- 밀가루반죽을 다양한 방법으로 탐색한다.
"꾹꾹 점토를 누르니까 모양이 나왔네."
● 쌓기 : 내 얼굴 탑 쌓기(얼굴 사진 부착된 블록)
- 블록에 붙은 사진을 보면서 누구인지 가리키며 이름을 부른다.
"이 얼굴은 누구 얼굴이지? 친구 oo이구나"
● 감각 : 거울보고 연지곤지(스티커, 안전거울)
- 얼굴에 붙은 스티커에 주의를 기울이며 탐색한다.
"얼굴에 예쁜 그림을 붙여볼까? 거울에도?"</td><td colspan="2">● 영아들이 밀가루반죽을 먹지 않도록 주의를 기울임

● 영아들이 연지곤지를 하며, 자기 얼굴보다 교사의 얼굴에 더 관심을 보임</td></tr>
<tr><td>정리정돈 및
용변 · 손씻기
(09:40~10:15)</td><td colspan="3">● 노래를 부르며 놀잇감을 정리한다(모두 제자리).
"공은 어디에 둘까?" "바구니에 무얼 담을까?"</td><td colspan="2">● 영아에게 놀잇감의 제자리를 물어보며 정리를 도움</td></tr>
<tr><td>오전간식 및
손씻기
(10:15~10:30)</td><td colspan="3">● 간식메뉴 : 달걀 스크램블, 두유
"선생님과 손 씻고 간식 먹으러 가자"
● 음식을 손으로 먹기보다 숟가락으로 먹도록 지도한다.</td><td colspan="2">● 영아들은 식사기술, 식습관 차이가 현저함</td></tr>
<tr><td>실외자유
선택활동과 산책
(10:30~11:30)</td><td colspan="3">● 자동차타기(승용완구)
- 완구탑승, 하차 시 자동차가 움직이지 않도록 주의하며 영아가 타고 내리는 것을 지도한다.
● 머리에 꽃핀 꽂기(돗자리와 마실 물, 사진기)
- 산책 시 들꽃을 머리에 꽂고 마주보며 서로 바라봐주고 예뻐해 준다.</td><td colspan="2">● 마실 물을 준비해 나가 돗자리에 앉아 마시니 영아들이 좋아함</td></tr>
</table>

중 략	
보육실습생 소감	• 지난주와 달리 영아들이 등원하면서 낯설어하지 않고 알아보며 다가와서 오전 놀이 시 상호작용이 훨씬 용이해졌다. • 실내로 들어가자고 하며 유모차 방향을 돌리니 몇몇 영아가 싫다며 울어 난감했다. 선생님께서 영아에게 각자 좋아하는 놀이를 말하시며 그것을 하자고 달래자 금방 웃으며 들어가는 영아들을 보고 놀랐다. • 손을 씻겨줄 때 영아들이 수도꼭지를 만지고 물을 튀기며 좋아하는데 옷이 젖어 '그럼 안 돼'란 말이 계속 나온다. 그냥 놔두어야 할지 못하게 해야 할지 난감했다.
보육실습 지도교사 조언	• 영아들이 선생님을 이제 낯설어 하지 않아 등원지도가 잘 이루어지고 있습니다. 그동안 노력하신 덕분입니다. • 걷고 뛰기 시작한 영아들이 실외자유선택 활동을 너무 좋아해요. 특히요 며칠 날씨가 좋지 않아 산책을 못 갔는데 오늘은 날씨가 좋아서 우리 모두 더욱 신이 났습니다. 마실 물을 가지고 나가 중간에 쉬는 시간을 가지며 마시면 소풍 나온 기분이 듭니다. • 손을 씻는 단계를 계속 말로 이야기해주면서 씻기면 영아들의 물놀이 욕구를 통제하는 효과가 있습니다. 긍정적인 방향으로 지도하는 것이 바람직하지요. • 정리정돈 시 선생님이 사용한 상호작용 전략이 아주 좋았습니다.

주 : 여성가족부(2007). 1세 보육프로그램 참고.

4 어린이집 문서

어린이집의 효율적인 운영을 위하여 어린이집에서는 영아관리, 부모관리, 보육교직원 관리, 건강 영양 안전, 회계와 사무관리, 보육과정 운영에 관한 장부와 서류를 비치하여야 한다(서영숙 외, 2013).

〈표 6-6〉은 어린이집 문서 관리의 구비서류들을 요약 정리하여 제시하고 있다.

〈표 6-6〉 어린이집 문서 관리 구비서류

영아 및 부모관리	보육교직원 관리	건강 · 영양 · 안전	회계 및 사무관리	보육과정 운영
입소신청서	보육교직원 임면보고	어린이집 급식관리 체크리스트	세입예산서	연간보육계획안
이용신청자 명부	인사기록카드	보육실 시설 설비 및 놀잇감 안전위생 점검표	추가경정 세입예산서	월간보육계획안 (영아반)
이용아동연명부	보육교직원 관리대장	실내외 놀잇감 안전점검표	추가경정 세출예산서	월간보육계획안 (유아반)
생활기록부	보육교직원 근무상황부	영유아 사고보고서	세입 세출 결산 총괄 설명서	주간보육계획안 (영아반)
출석부		소방대피 훈련일지	세입결산서	주간보육계획안 (유아반)
입소확인서		응급처치 동의서	세출결산서서	일일 보육계획 및 일지
귀가 동의서		투약의뢰서	위임장	영유아 관찰 기록 (영아반)
일일보고서			현금출납부	영유아 관찰 기록 (유아반)
운영위원회 구성명단			비품대장	개별화 보육계획안 (장애아보육)
운영위원회 회의록			보육료대장	개별화 보육일지 (장애아보육)

1) 문서의 작성 및 관리

첫 번째는 어린이집의 주요업무인 영유아의 보호 교육과 관련된 업무수행에 수반되는 문서를 기록 · 보관하는 업무이다. 이는 생활기록부, 영유아 보육일지, 보육계획안, 출석부, 영유아 관찰일지 등의 문서관리를 의미한다.

두 번째는 일반 행정 운영 관련 문서를 기록 · 보관하는 업무이다. 즉 어린이집이용신청자 명부, 생활기록부, 비품대장, 보육교직원인사기록카드, 어린이집 운영위원회 회의록, 예산서 및 결산서 등 회계 관련 장부 등의 문서를 말한다.

① 문서작성 시 유의점

- 문서의 내용은 간결하며 한글 맞춤법에 따라 작성한다.
- 문서는 두문, 본문, 결문으로 구성된다.

두문 : 발신기관명, 주소, 우편번호, 전화 및 팩스, 담당자 성명, 문서번호, 시행연월일, 수신란 등

본문 : 제목, 내용 첨부물 등

결문 : 발신 명의, 최종결재권자 표시, 수신처 등

문서를 시행할 때는 시행문에 관인을 날인하고 결재를 얻어야 효력이 발생한다.

② 문서등록

어린이집에서 기안하여 원장의 결재가 끝난 모든 문서는 발송된 시행날짜 순서대로 문서발송대장에 반드시 등재해야 한다.

③ 문서접수

외부기관으로부터 어린이집에 접수되는 모든 문서는 문서접수대장에 접수번호를 기재하고 등재한 후 원장의 선결을 맡은 후 업무 담당자가 처리한다.

④ 문서의 정리 및 보존

문서는 그 내용에 따라 보존기간이 있으므로 이 기준에 따라 분류, 편철하여 보관한다.

문서보존기간은 짧게는 1년 정도에서 영구보존에 이르기까지이며 다음과 같이 정리할 수 있다.

구분	문서 종류
영구보존문서	시설인가증 및 공문서, 기능보강사업(신 · 증개축 등)의 설계도 및 준공검사필증, 보육교직원임면관계서류 등
10년 이상 보존문서	어린이집의 일반 정책이나 제도에 관한 계획, 조사, 연구 및 보고서, 공사 관련 서류 등
5년 이상 보존문서	비품대장, 예산 · 결산 및 회계 관련 증빙문서, 각종 지도 점검 및 감사관계문서, 보조금 신청 공문서 등으로서 일반적으로 현금과 관련된 문서 등
3년 이상 보존문서	생활기록부 사본, 단기적인 보고서, 참고 또는 단순한 사실의 증명을 위한 문서 등
1년 이상 보존문서	일일 명령 등 단순한 업무로서 행정기관의 단순한 참고자료공문, 업무연락, 일상적인 통보 및 조회 등

07 유능한 보육교사 되기

1. 보육교사의 자격
2. 보육교사의 자질
3. 보육교사의 역할
4. 보육교사의 전문성과 진로

1 보육교사의 자격

보육교사는 영유아기의 어린이들에게 가장 중요한 인적 환경으로, 질적으로 우수한 교사는 유아의 능력을 파악하고 이들의 능력에 맞는 교육 프로그램을 계획하고 수행하는 능력을 가졌으며 이러한 교사의 교수행동은 유아발달에 직접적으로 영향을 미친다(강영식, 김규수, 2004; 이미화 외, 2008; 정경진, 2007).

1) 보육교사의 개념

보육교사는 영유아를 교수하는 교수자이면서 영유아의 심신을 보호하는 양육자이고 가정복지에 기여하는 자이다. 이러한 역할들로 인해 보육교사는 영유아의 삶에서 매우 중요한 인물이다(박선해, 김미정, 2013).

첫째, 보육교사는 보육의 질을 결정한다.

보육의 질을 결정하는 중요한 요인으로 교사의 자질, 교사의 전문성, 교사교육 등 교사요인이 있다.

둘째, 영유아를 대상으로 하는 교육에서 교사가 유아의 발달과 학습에 미치는 영향은 높은 연령의 아이들을 대상으로 하는 교육에서 보다 크다(염지숙 외 2008).

셋째, 영유아기를 담당하는 교사는 다른 어떤 교사들보다 유아들의 삶속에 깊이 관여되어 있다(염지숙 외 2008).

보육교사는 보육의 질과 유아의 발달과 성장에 지대한 영향을 미치는 중요한 변인임을 알고 보육교사로서의 성장과 발달에 끊임없이 노력을 해야 한다.

2) 자아효능감 및 교사효능감

자아효능감이란 한 개인이 자기 자신에 대해서 가지는 신념이 자신의 행동에 영향을 미치는 것을 의미한다. 즉 기대되는 상황 또는 활동에 요구되는 행동을 자신이 얼마나 잘 수행할 수 있을지에 대한 판단이다. 즉 자아효능감은 개인이 가지는 실제적인 지식이나 기술 보다는 자신의 능력에 대한 개인의 판단이나 신념에 초점을 둔 개념이다(Peterson and Stunkard, 2002).

교사효능감은 교사가 아동의 수행에 영향을 미칠 수 있는 능력을 가지고 있다고 믿는 정도"를 의미한다(Ashton, Webb and Doda, 1983).

교사효능감은 교사 자신의 교실에서의 행동과 유아들과의 상호작용에서도 많은 영향을 주는 중요한 변인이 된다(강영식, 김규수, 2004; 김아영, 김미진, 2004).

교사효능감이 높은 교사는 자신이 가르치는 대상을 더 인간적으로 대하고 보다 유연하게 대처하는 행동양상을 나타내며, 놀이의 방향을 제시하거나 놀이 진행에 도움을 주는 환경제도, 조절, 유지의 역할을 더 많이 담당하고 아동과 더 자주 대화함으로써 학생들의 성취를 도와주는 것으로 나타나고 있다(신은수, 2000; 박현경, 2006). 뿐만 아니라, 높은 교사효능감은 더 나은 교수방법을 찾으려는 욕구, 진보적이고 헌신적인 방법의 수행, 다양한 자료와 새로운 방법을 시도하려는 교사의 자발성과 밀접하게 관련이 있다고 보고되고 있다(Allinder, 1994; Hall et al., 1992; Woolfolk and Hoy, 1990). 즉 교사효능감이 높은 교사는 자신이 학습자의 학습에 긍정적인 영향력을 갖고 있다고 믿기 때문에 학습에 참여하거나 지도하는 일을 하며, 학습자가 학습에 실패할 때는 도움이 될 만한 다른 방법을 찾아내려고 노력하고 자신의 교수에 자신감을 가지므로 학습자의 발달에 영향을 주기 위해 노력을 하는 경향이 나타났다(보육교사의 교사효능감에 영향을 주는 요인에 관한 연구, 강정은, 송다영 The Women's Studies, 2010. Vol. 79 No. 2 pp. 81~114).

3) 보육교사 자격기준

전문대학 또는 이와 같은 수준 이상의 학교에서 보건복지부령으로 정하는 보육 관련 교과목 및 학점을 이수하고 졸업한 사람이 보육교사 자격증을 취득할 수 있다(※ 현행법에 의한 석사학위 취득자 포함).

〈표 7-1〉 **보육교사 자격기준(적용시점 : 2014. 3. 1)**

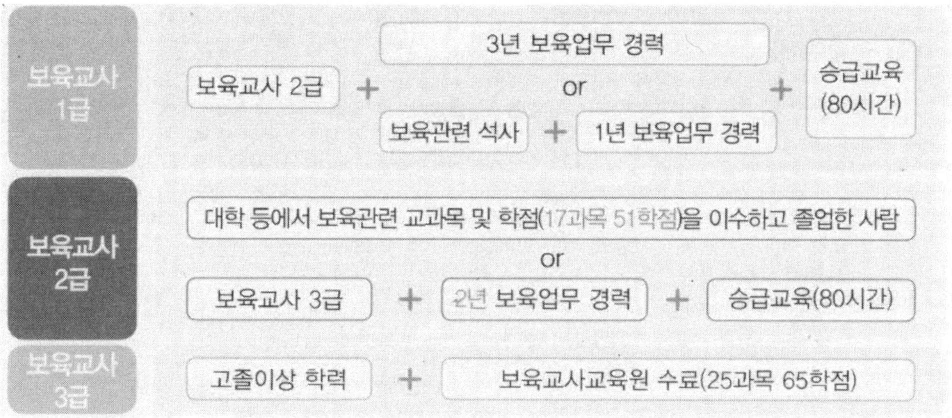

	자격기준	제출서류
보육교사 1급	1) 보육교사 2급 자격을 취득한 후 3년 이상의 보육업무 경력이 있는 사람으로서 보건복지부장관이 정하는 승급교육을 받은 사람	① 보육교사 2급 자격증 사본 ② 경력증명서 원본 (보육교사 2급 자격취득 이후 3년 이상의 보육업무) ③ 1급 승급교육 수료증 사본 ④ 사진파일(인터넷 신청 시 사진등록) ⑤ 자격증 발급신청서(인터넷 신청 후 출력)
	2) 보육교사 2급 자격을 취득한 후 보육 관련 대학원에서 석사학위를 취득하고 1년 이상의 보육업무 경력이 있는 사람으로서 보건복지부장관이 정하는 승급교육을 받은 사람	① 보육교사 2급 자격증 사본 ② 보육 관련 석사학위증명서 원본 ③ 경력증명서 원본(1년 이상의 보육업무 경력) ④ 1급 승급교육 수료증 사본 ⑤ 사진파일(인터넷 신청 시 사진등록) ⑥ 자격증 발급신청서(인터넷 신청 후 출력) ※ 대학원에서 보육교사 2급 자격을 취득한 경우에는 3년 이상의 보육업무경력 및 1급 승급교육을 이수해야 보육교사 1급 자격에 해당함. ※ 보육 관련 대학원이라 함은 ① 학과(전공) 및 학위명에 '보육, (영)유아, 아동'의 단어가 포함된 경우 또는 ② ①의 경우가 해당되지 않을 경우 보육 관련 교과목 이수기준으로 보육 관련 대학원으로 인정함(보육 관련 교과목 최소 4과목 이상, 12학점 이상 이수 여부를 확인하여 인정)

	자격기준	제출서류
보육 교사 2급	1) 전문대학 또는 이와 같은 수준 이상의 학교에서 보건복지부령으로 정하는 보육 관련 교과목 및 학점을 이수하고 졸업한 사람 ※ 현행법에 의한 석사학위 취득자 포함	① 대학(또는 동등 이상 학교) 졸업증명서 원본 ② 대학(또는 동등 이상 학교) 성적증명서 원본 ③ 보육실습확인서 원본 ④ 사진파일(인터넷 신청 시 사진등록) ⑤ 자격증 발급신청서(인터넷 신청 후 출력) ※ 「학점인정 등에 관한 법률」의 규정에 따라 보육 관련 교과목 및 학점을 이수한 경우, 「학점인정 등에 관한 법률」에 의해 학점을 인정받고 학위를 취득한 이후 보육교사자격증을 신청할 수 있음.
	2) 보육교사 3급 자격을 취득한 후 1년 이상의 보육업무 경력이 있는 사람으로서 보건복지부장관이 정하는 승급교육을 받은 사람	① 보육교사 3급 자격증 사본 ② 경력증명서 원본 (보육교사 3급 자격취득 후 1년 이상의 보육업무) ③ 2급 승급교육 수료증 사본 ④ 사진파일(인터넷 신청 시 사진등록) ⑤ 자격증 발급신청서(인터넷 신청 후 출력)
보육 교사 3급	고등학교 또는 이와 같은 수준 이상의 학교를 졸업한 사람으로서 보건복지부령으로 정하는 교육훈련시설에서 정해진 교육과정을 수료한 사람	① 최종학교 졸업증명서 원본 ② 교육훈련시설 수료증 사본 ③ 보육실습확인서 원본 - 보육실습기관 인가증 사본 - 보육실습 지도교사 자격증 사본 ④ 교육훈련시설 성적증명서 ⑤ 사진파일(인터넷 신청 시 사진등록) ⑥ 자격증 발급신청서(인터넷 신청 후 출력)

4) 제출서류

① 대학(또는 동등 이상 학교) 졸업증명서 원본
② 대학(또는 동등 이상 학교) 성적증명서 원본
③ 보육실습확인서 원본(보육통합지원시스템 출력본)
④ 사진파일(인터넷 신청 시 사진등록)
⑤ 자격증 발급신청서(인터넷 신청 후 출력)

※ 보육실습확인서는 보육통합지원시스템의 출력본으로 실습기관의 원장, 양성교육기관의 학과장 직인 받아 제출하여야 함.

※ 「학점인정 등에 관한 법률」의 규정에 따라 보육 관련 교과목 및 학점을 이수한 경우, 「학점인정 등에 관한 법률」에 의해 학점을 인정받고 학위를 취득한 이후 보육교사자격증을 신청할 수 있음.

〈표 7-2〉 교과목 및 학점기준(2014.3.1 시행)

영 역	교과목	이수과목(학점)
보육필수	아동복지(론), 보육학개론, 영아발달, 유아발달, 보육과정, 보육교사론	6과목(18학점) 필수
발달 및 지도	인간행동과 사회환경, 아동관찰 및 행동연구, 아동생활지도, 아동상담(론), 특수아동이해, 장애아지도	1과목(3학점) 이상 선택
영유아 교육	놀이지도, 언어지도, 아동문학, 아동음악, 아동동작, 아동미술, 아동수학지도, 아동과학지도, 영유아프로그램 개발과 평가, 영유아교수방법(론)	6과목(18학점) 이상 선택
건강·영양 및 안전	아동건강교육, 아동간호학, 아동안전관리, 아동영양학, 정신건강(론)	2과목(6학점) 이상 선택
가족 및 지역사회 협력 등	부모교육(론), 가족복지(론), 가족관계(론), 지역사회복지(론), 보육정책(론), 어린이집 운영과 관리	1과목(3학점) 이상 선택
보육실습	보육실습	1과목(3학점) 필수
전 체	17과목(51학점) 이상	

2 보육교사의 자질

보육교사의 자질이란 교육현장과 교수 활동에 적합한 개인적인 가치관과 태도의 질을 말한다(박근주 외, 2013).

보육교사의 자질은 크게 개인적 자질과 전문적 자질로 구분하여 살펴볼 수 있다.

개인적 자질은 심신의 건강, 안정된 정서, 유아에 대한 사랑과 존중, 융통성과 유머감각, 창의성, 희망적이고 긍정적인 사고, 원만하고 조화로운 대인관계 능력 등을 말한다.

특히 보육교사의 열정이 강하고 긍정적일수록 영유아와의 상호작용의 질이 높아질 뿐만 아니라 보육의 질에 긍정적 영향을 미친다. 따라서 보육교사는 긍정적 자아감과 배우고자 하는 열정적 자세를 갖고 있어야 하며 유능성과 탁월성을 갖기 위해 노력해야 하고 자신의 일을 즐기고 만족할 줄 알아야 한다.

전문적 자질은 영유아의 성장과 발달을 위해 영유아를 교육하고 보호해야 하는 보육교사로서의 역할수행에 직접적인 영향을 미칠 수 있는 자질을 말한다.

〈표 7-3〉 보육교사의 자질

	개인적 자질	전문적 자질
박근주 외, 2013	· 인간에 대한 애정 · 신체적 건강 · 정신적 건강과 도덕적 건강 · 사려성과 민감성 · 원만한 인간관계 · 자존감과 효능감	· 특별한 지식 · 지식에 근거한 대상 파악 · 효과적인 교수방법 개발 · 인간에 대한 장기적인 기여 · 주체적인 전문성 신장
이경민 외, 2005	· 인성 · 건강	· 지식 · 교수기술 · 교육관 · 행정능력

보육에의 자부심을 바탕으로 교육활동의 계획과 수행능력, 교육환경 구성능력, 부모들에게 필요한 정보를 제공하고 도움을 줄 수 있는 능력, 영유아들의 건강과 영양을 보살필 수 있는 능력을 의미한다.

보육교사의 개인적 자질에서 인성은 중요한 요인이다. 최근 아동학대사건이 사회적으로 문제가 되면서 2015년 1월, 영유아보호법의 개정으로 교직원 채용 시 아동학대 관련 범죄 전력 조회 회신서를 추가하고 있다. 채용 시 임면권자는 교직원으로 채용하고자 하는 자의 아동학대 관련 범죄 조회를 관할 경찰서에 요청해야 한다.

영유아에 대한 애정을 바탕으로 영유아의 눈높이에서 영유아를 이해할 수 있는 이해심을 갖춘 사람이 보육교사로서의 기본적인 자질을 갖추고 있다고 하겠다.

박은혜(2010)는 좋은 교사가 되기 위하여 전문적 자질과 함께 개인적 자질을 갖추는 게 중요하다고 했다. 가르치는 교수능력이나 교과에 관련된 지식이 중요한 만큼 교사 개인이 가지고 있는 기질이나 특성이 중요하다.

- 열정
- 자구력
- 위험을 기꺼이 감수하고자 하는 모험심
- 실용성
- 인내심

- 융통성
- 유아와 그 가족에 대한 존중
- 창의성
- 진정성
- 배움에 대한 사랑
- 에너지
- 유머감각

〈표 7-4〉 개인적 자질 검사하기

<table>
<tr><td colspan="6">1. 다음에서 각 문항에 해당하는 자질이 좋은 교사에게 중요하다고 생각되는 정도를 찾아 해당 번호에 표시한다.
① 매우 중요하지 않다 ② 중요하지 않다
③ 중요하다 ④ 매우중요하다</td></tr>
<tr><td colspan="6">2. 자신이 각 문항에 해당되는 자질을 어느 정도 가지고 있다고 생각하는지 1점에서 4점으로 평가해 본다.</td></tr>
<tr><td>내용</td><td>①</td><td>②</td><td>③</td><td>④</td><td>자신의 자질</td></tr>
<tr><td>지혜로운 사람이어야 한다.</td><td></td><td></td><td></td><td></td><td></td></tr>
<tr><td>다른 사람을 사랑하는 마음을 가진 사람이어야 한다.</td><td></td><td></td><td></td><td></td><td></td></tr>
<tr><td>누구에게나 친절한 사람이어야 한다.</td><td></td><td></td><td></td><td></td><td></td></tr>
<tr><td>인자한 성질을 가진 사람이어야 한다.</td><td></td><td></td><td></td><td></td><td></td></tr>
<tr><td>협력할 줄 아는 사람이어야 한다.</td><td></td><td></td><td></td><td></td><td></td></tr>
<tr><td>신뢰할 만한 사람이어야 한다.</td><td></td><td></td><td></td><td></td><td></td></tr>
<tr><td>공평한 사람이어야 한다.</td><td></td><td></td><td></td><td></td><td></td></tr>
<tr><td>공평한 사람이어야 한다.</td><td></td><td></td><td></td><td></td><td></td></tr>
<tr><td>성실하고 매사에 열정적인 태도를 가진 사람이어야 한다.</td><td></td><td></td><td></td><td></td><td></td></tr>
<tr><td>정직한 사람이어야 한다.</td><td></td><td></td><td></td><td></td><td></td></tr>
<tr><td>유머감각이 있는 사람이어야 한다.</td><td></td><td></td><td></td><td></td><td></td></tr>
<tr><td>인내심이 강한 사람이어야 한다.</td><td></td><td></td><td></td><td></td><td></td></tr>
<tr><td>적극적인 사람이어야 한다.</td><td></td><td></td><td></td><td></td><td></td></tr>
<tr><td>모험심 가지진 사람이어야 한다.</td><td></td><td></td><td></td><td></td><td></td></tr>
<tr><td>신체가 건강한 사람이어야 한다.</td><td></td><td></td><td></td><td></td><td></td></tr>
<tr><td>동정심이 있는 사람이어야 한다.</td><td></td><td></td><td></td><td></td><td></td></tr>
<tr><td>융통성이 있는 사람이어야 한다.</td><td></td><td></td><td></td><td></td><td></td></tr>
<tr><td>창의력이 있는 사람이어야 한다.</td><td></td><td></td><td></td><td></td><td></td></tr>
<tr><td>계</td><td></td><td></td><td></td><td></td><td></td></tr>
</table>

3 보육교사의 역할

교사의 역할은 미성숙한 유아를 교육하고 주어진 학교환경과 사회 환경 속에서 한 사람의 유능한 사회인으로 살아가는 데 필요한 능력을 가질 수 있도록 도와주는 일이라고 할 수 있다.

영유아보육법에서 '보육'의 의미는 '보호'와 '교육'을 의미하므로 보육교사의 역할은 영유아의 신체적 보호 및 교육적 차원의 영유아의 경험, 활동을 자극하며 발달상 적절한 환경을 마련해 주는 것으로 볼 수 있다. 교사의 역할은 아무나 수행할 수 있는 일반적인 것이 아니며, 한 인간의 인생에 있어 기초형성과정에 관여하는 중요성을 고려할 때, 유아들의 다양성 및 개인차를 가치 있게 여기고 존중하며, 효율적인 업무수행을 위해 전문적인 훈련을 거쳐 전문가로서의 교사역할을 수행해야 함은 물론 끊임없는 자기 향상을 위한 노력이 요구된다.

보육교사의 역할은 다음과 같이 볼 수 있다(박선해 외, 2013).

① 양육자로서의 역할

보육교사는 일차적으로 영유아를 안전하게 보호하고 이들의 신체적 · 생리적인 욕구를 충족시키는 양육자의 역할을 해야 한다.

② 환경관리자로서의 역할

영유아의 발달과 안전을 고려한 적절한 환경을 구성하는 역할을 수행하여야 한다.

③ 상호작용자로서의 역할

사람, 자연, 사물과의 상호작용이 충분히 일어나도록 도와주며 영유아의 활동을 관찰하고 도와주는 역할을 수행한다.

④ 일상생활의 바람직한 모델로서의 역할

영유아의 기본적인 양육자로서 영유아가 모방을 하더라도 부끄럽지 않을 행동과 말로 영유아를 지도한다.

⑤ 관찰자 및 평가자로서의 역할

영유아를 제대로 보호하고 교육하기 위해서 이들의 발달수준이나 개인적인 요구를 파악하고 있어야 한다.

⑥ 부모 및 지역사회와의 교류자로서 역할

공동 육아를 위하여 부모 및 지역사회와의 교류자로서 역할을 수행하여야 한다.

결국 미래의 보육교사는 정보화 사회에 복잡하고 역동적이며 다면화되고 다양한 역할이 기대된다(박은혜, 2009).

- 연구하는 보육교사 : 늘 자신의 전문성 향상을 위하여 노력하여야 한다.
- 열정이 있는 보육교사 : 더 나은 방법으로 가르치려고 노력한다.
- 보육현장에서 실천하고자 하는 보육교사 : 유아에게 가르치려는 내용을 알기 쉽게 전달하며 자신이 알고 있는 것을 실천하고자 하는 실천력을 의미한다.

4 보육교사의 전문성과 진로

보육교사는 전문성을 갖추기 위해 노력해야 한다. 어떤 문제든 개방적으로 사고하고 자신을 개발하기 위해 부단히 노력해야 한다. 전문적인 성장을 위해 보육 관련 전문서적 탐독은 물론 여러 가지 실습과 이론으로 계속적으로 숙달 및 연구 노력하는 각오가 되어 있어야 한다.

사회가 변화함에 따라 보육교사가 해야 하는 역할도 다양해지고 있다. 어린이집 교사뿐 아니라 장학사 보육컨설턴트 보육정보센터장 등 유아교사 자격을 갖고 전문적으로 해볼 수 있는 분야가 점점 다양해지고 있다(염지숙 외, 2011). 또한 보육과정과 연관된 다양한 자격증에 도전함으로써 전문성을 가진 교사로 성장할 수 있을 것이다.

1) 보육 분야

보육교사는 자격기준을 갖춰 다양한 상위의 기관으로 업무 영역을 넓힐 수 있다. 어린이집 원장, 보육전문요원, 육아종합지원센터장, 현장 관찰자와 보육컨설팅 컨설턴트 등의 직무로 전문성을 높일 수 있다.

(1) 보육업무행정부서

현재 보육 관련 업무는 보건복지부 산하 저출산 고령사회정책실의 보육정책관에서 맡고 있으며 보육정책과, 보육사업기획과, 보육기반과 3부서로 나뉘어 있다. 우선 보육정책과는 영유아 관련 보육정책 조사 편성 연구지도 감독의 업무를 수행하고 있다. 또한 보육사업에 관련된 보육료 결정, 대상자 관리, 보육교직원 관련 사항 업무도 수행한다. 마지막으로 보육기관과는 어린이집 인가 및 지도 점검, 영유아들의 건강 영양 안전업무 행정관리를 하고 있다.

〈표 7-5〉 보육 관련 수행기관

행정부서	수행업무
보육정책과	· 영유아 정책의 지원 정책 협의 · 조정 · 총괄 · 영유아 정책에 대한 조사 · 연구 · 평가 및 제도개선 · 영유아 정책에 관한 종합계획의 수립 및 연도별 시행계획의 총괄 · 보육정책위원회의 운영 · 보육 관련 법령의 관리 · 운영 · 보육재정의 중장기 투자계획 수립 · 보육예산의 편성 · 집행관리 및 정산 · 결산 · 보육서비스 이용권 제도(보육전자바우처)의 운영 및 관리 · 보육행정 전산화 · 지방자치단체 보육공무원 교육 · 보육개발원의 설립 및 지도 · 감독 · 영유아 및 영유아보육 지원 정책에 대한 홍보 및 국민인식 개선사업 · 보육 관련 대외협력 및 교류활성화의 지원 · 보육통계의 생산 및 관리 · 어린이집연합회 등 법인 · 단체의 지도 · 감독 · 어린이집 평가인증 계획 수립 및 평가인증 제도 운영
보육사업기획과	· 영유아 보육료의 지원 · 양육수당 지원에 관한 사항 · 표준보육비용에 관한 사항 · 영유아 및 부모 지원 보육서비스의 개발 · 영아 · 장애아 및 다문화가족 영유아 등 취약보육서비스 등 지원에 관한 사항 · 보육료 · 양육수당 지원대상자 선정 및 적정관리에 관한 사항 · 보육료 · 양육수당 지원대상자 소득기준액 결정에 관한 사항 · 보육교직원 처우 개선에 관한 사항 · 보육교직원의 양성 및 교육훈련의 지원 · 보육교직원의 경력 및 자격관리 · 가정양육 지원에 관한 사항
보육기반과	· 국공립어린이집 등 어린이집의 확충 및 지원계획 수립 · 「영유아보육법」에 따른 어린이집의 설치 · 인가 기준의 수립 및 관리 · 어린이집의 설치 및 운영 지원 · 어린이집의 기능 보강 등 환경개선 지원 · 국공립어린이집 등 어린이집 인건비 및 운영비 지원 · 어린이집에 대한 지도 · 점검 · 어린이집운영위원회의 설치 및 운영 · 보육아동의 건강 · 영양 · 안전 등의 관리 · 표준보육과정 및 보육 프로그램의 개발 · 보급 · 직장보육서비스의 확충 · 부모협동어린이집의 활성화 · 보육정보센터의 확충 및 운영 · 관리 · 영유아 이용시설의 설치 및 지원

출처 : 보건복지부(2015). http://www.mw.go.kr

(2) 보육정책위원회

중앙정부와 지방정부는 보육행정을 행하는 데 있어 다른 사회복지 또는 정부정책에서와 마찬가지로 관련 위원회를 구성해야 하는데 보육의 경우 중앙보육정책위원회와 지방보육정책위원회가 있다. 보육정책위원회는 일반적으로 '심의'의 기능을 하고 있으며, 위원회 활동에 대해서는 법률로 명시해 책임과 역할을 분명히 하고 있다.

보건복지부에 두는 중앙보육정책위원회는 위원장 1명과 부위원장 1명을 포함한 20명 이내의 위원으로 구성하고, 시 · 도 및 시 · 군 · 구에 두는 지방보육정책위원회는 위원장 1명과 부위원장 1명을 포함한 15명 이내의 위원으로 구성한다.

최근 「아이행복플랜(안) 수집 추진계획」을 통해 중장기 보육 기본계획의 수집과 시행으로 국가가 책임지고보육지원의 틀을 확립하고 있다. 이는 아이의 행복한 미래를 키우는 보육의 비전으로(영유아보육법 제 8조) 다음 4대 전략 추진을 중점적으로 한다.

① 영유아의 특성에 따른 보육
② 보육 품질의 제고
③ 부모 안심 보육
④ 소통하는 보육

〈표 7-6〉 보육정책위원회의 기능

중앙보육정책위원회	지방보육정책위원회
· 보육계획 및 연도별 시행계획 수립 · 보육과정의 개발에 관한 사항 · 어린이집의 평가인증 제도에 관한 사항 · 그 밖에 보육 관련 업무의 위탁 등 보육에 관하여 위원장이 회의에 부치는 사항	· 보육계획 및 연도별 시행계획 수립 · 공립어린이집의 설치 및 운영 위탁에 관한 사항. 다만, 공립어린이집의 운영 위탁에 관한 사항 중 보건복지부령으로 정하는 바에 따라 지방보육정책심의위원회의 심의를 생략할 수 있는 사항은 제외한다. · 교육훈련시설의 지정에 관한 사항 · 보수교육의 실시 위탁에 관한 사항 · 어린이집 이용자가 납부할 보육료 등에 관한 사항 · 도서 · 벽지 · 농어촌지역 등의 어린이집 설치기준 및 보육교직원의 배치기준에 관한 사항 · 그 밖에 보육에 관하여 위원장이 회의에 부치는 사항

출처 : 보건복지부, 영유아보육법 시행령(2015.9 개정). http://www.mw.go.kr

(3) 육아종합지원센터

육아종합지원센터는 영유아보육법에 따라 영유아의 보육에 대한 제반 정보의 제공 및 상담을 위하여 운영되는 기관으로 최근 개정 법률에서는 정보의 제공과 상담 외에 정보수집 기능을 포함시키고 있다.

〈표 7-7〉 육아정보지원센터의 기능

구분	2004년 이전	2005년 이후	2014년 이후
설치근거	· 영유아보육법	· 영유아보육법	· 영유아보육법
설치자	· 시장 · 군수 · 자치구 구청장(보육정보센터)	· 보건복지부 장관(중앙보육정보센터) · 특별시장 · 광역시장 · 도지사(지방보육정보센터)	· 보건복지부 장관(중앙육아종합지원센터) · 시 · 도지사 및 시장 · 군수 · 구청장(지방육아종합지원센터)
내용근거	· 보건복지부 '보육사업 안내' 중 · 국고보조 보육정보센터 사업내용	· 개정 영유아보육법 시행령 제13조 · 보육정보센터의 기능	· 개정 영유아보육법 시행령 제7조
내용	· 보육에 대한 정보 제공 및 상담 · 보육대상자를 위한 보육의뢰 및 보육시설 이용 알선 · 보육에 관한 기초자료 수집 및 조사연구 · 보육시설 현황조사 및 자료(통계)관리 · 보육시설 운영지원 · 보육시설 종사자 교육 및 연수 · 보육 관련 프로그램 개발 · 보급 · 보육사업에 대한 홍보 및 소식지 발간 · 배부 · 보육 관련 행사 지원 및 안내 · 보육시설 종사자 구인 · 구직 알선 · 장애아 · 영아 등 취약보육에 대한 정보 제공 · 기타 영유아보육에 관한 사업	· 보육에 관한 정보망 구축 · 운영 및 정보 제공 · 보육 관련 기초자료 조사 및 제공 · 보육 프로그램 및 교재 · 교구 제공 또는 대여 · 보육시설 종사자 상담 및 구인 · 구직 정보 제공 · 보육시설 이용자에 대한 안내 · 상담 및 교육 · 장애아보육 등 취약보육에 대한 정보제공 · 육아지원에 대한 정보제공 · 기타 보육에 관한 사항	· 일시보육 서비스의 제공 · 보육에 관한 정보의 수집 및 제공 · 보육 프로그램 및 교재 · 교구(教具)의 제공 또는 대여 · 보육교직원에 대한 상담 및 구인 · 구직 정보의 제공 · 어린이집 설치 · 운영 등에 관한 상담 및 컨설팅 · 장애아 보육 등 취약보육(脆弱保育)에 대한 정보의 제공 · 부모에 대한 상담 · 교육 · 영유아의 체험 및 놀이공간 제공 · 영유아 부모 및 보육교직원에 대한 영유아 학대 예방 교육 · 그 밖에 어린이집 운영 및 가정양육 지원 등에 관하여 필요한 사항

출처 : 중앙육아종합지원센터(2015). http://central.childcare.go.kr

영유아에게 제26조의2에 따른 일시보육 서비스를 제공하거나 보육에 관한 정보의 수집 · 제공 및 상담을 위하여 보건복지부장관은 중앙육아종합지원센터를, 시 · 도지사 및 시장 · 군수 · 구청장은 지방육아종합지원센터를 설치 · 운영하여야 한다.

육아종합지원센터에는 육아종합지원센터의 장과 보육에 관한 정보를 제공하는 보육전문요원 및 보육교직원의 정서적 · 심리적 상담 등의 업무를 하는 상담전문요원 등을 둔다.

〈표 7-7〉에서 보는 바와 같이 기존의 보육정보센터는 주로 정보제공, 상담, 조사, 교육, 프로그램 개발과 보급, 홍보활동 등을 주요 기능으로 하고 있었으나 개정 영유아보육법이 적용되는 최근에는 보육교육, 프로그램 개발 등의 역할이 덜 강조되고 대신 보육서비스 정보제공, 교재교구 제공 및 대여, 보육교직원 구인 · 구직 정보 제공, 어린이집컨설팅, 취약보육, 영유아학대예방교육, 가정양육지원에 대한 정보제공 등을 더욱 강조하고 있다.

(4) 어린이집연합회

어린이집연합회는 영유아보육법 시행규칙 제41조에 근거를 두고 보육사업의 원활한 추진과 보육시설의 균형적 발전, 보육시설 간의 정보교류 및 상호협조증진을 그 목적으로 한다. 주요 업무는 다음과 같다.

- 보육에 관한 자료 수집 및 홍보
- 영유아의 권익보호
- 보육시설 종사자의 복리증진
- 그 밖에 보육시설 간 국제교류 등 연합회 목적달성에 필요한 사항

(5) 보육개발원

보육사업의 확대와 더불어 보육의 질적 보편주의의 과제를 안고 있는 현 시점에서 정부는 보육의 질적 확대와 인프라 구축을 위해 개정 영유아보육법에 보육개발원의 설치근거를 마련하였다. 영유아보육법 제8조에 관련된 보육개발원의 내용은 다음과 같다.

보육개발원은 ① 보육에 관한 연구와 정보제공, ② 보육 프로그램 및 교재 개발, ③ 평가척도 개발 및 보육 교직원 연수 등의 기능을 담당하고 있다.

2) 민간자격증

보육교사가 수행하는 데 도움이 되는 다양한 민간자격증들이 있다.

(1) 방과 후 아동지도사

방과 후 교실을 운영하는 데 갖추어야 할 기본적인 이론 및 소양을 갖춘 전문가를 방과 후 지도사라고 하며, 방과 후 지도사는 방과 후 지도 운영에 대한 전반적인 지식과 운용능력을 갖춘 전문교사로서 아동들의 특성을 파악하고 그들에게 맞는 교육방법을 모색, 지도함으로써 학생 개개인의 소질과 적성을 개발하고 다양성은 찾아내는 방과 후 학교의 전문가를 말한다.

• 합격기준

과목별 과락 40점, 평균 60점 이상 100점 만점

• 시험과목

아동생활지도론, 아동발달과상담, 교육심리학, 인간관계론 각 과목별 25문항 객관식 4지 선다형으로 구성

시험과목	배점	문항수	출제유형
아동생활지도론	100	각 25문항	객관식
아동발달과상담	100		객관식
교육심리학	100		객관식
인간관계론	100		객관식
특기적성교육실무			실무

- **응시자격**

- 방과 후 지도사 1급 : 2급 취득 후 교육경력이 1년 이상인 자(필기시험/실기시험)
- 방과 후 지도사 2급 : 고등학교 졸업(필기시험)
- 방과 후 지도사 3급 : 제한 없음(필기시험)

(2) 아동심리상담사

아동들의 정신건강이나 정서장애와 관련된 문제로 일상생활에 적응하지 못하고 인지, 정서, 행동상의 장애를 일으키는 사람들은 물론 정상적인 아동들도 과학적 측정도구나 각종 심리검사방법을 활용하여 종합적으로 진단하고 그 결과에 따라 상담(면접)을 통해 아동 발달과 학습지도를 해줌으로써 안전하고 건전한 사고방식을 갖고 바른생활을 할 수 있도록 업무를 담당하는 아동심리상담전문가로 소정의 시험에 합격하여 자격을 취득한 사람을 말한다.

- **합격기준**

과목별 과락 40점, 평균 60점 이상 100점 만점

- **시험과목**

상담심리학, 교육심리학, 아동발달과 상담, 아동심리검사 각 과목별 25문항 객관식 4지 선다형으로 구성

시험과목	배점	문항수	출제유형
상담심리학	100	25	객관식
교육심리학	100	25	객관식
아동발달과 상담	100	25	객관식
아동심리검사	100	25	객관식
아동심리상담의 이론과 실제			실무

• 응시자격

만 18세 이상인 자로서 아래의 요건 중 하나를 충족하는 자

1급	2급
1. 상담심리, 교육심리, 청소년상담 관련 석사 이상 졸업자나 졸업 예정인 자 2. 상담 관련 학사 이상인 자로서 아래의 상담 관련 과목 중 3과목 이상 이수한자. -심리치료이론, 교육심리, 심리평가, 상담사례실습 및 지도, 상담방법, 집단상담, 아동상담, 가족상담, 상담면접 3. 당 협회 유관 전문자격교육기관에서 4과목 이상 온라인 강의 이수자.	제한없음

(3) 동화구연지도사

동화 자체적으로 얻을 수 있는 교육적, 문화적 의미를 극대화하여 아동과 함께 동화구연의 기획, 연출 및 시연함으로써 아동의 이해력, 표현력, 사고력, 창의력 증진은 물론 학습능력 및 언어구사능력 향상, 사회성 발달 등을 이끌어 줄 수 있는 업무를 수행한다.

• 시험방법

- 필기, 실기시험
- 100점 만점 기준 평균 60점 이상 합격
- 자유 동화는 필히 외워서 동화구연을 해야 한다.

• 시험과목

- 동화구연지도사 1급
  필기과목 : 아동문학론, 화법론, 동화이해, 유아교육론
  실기과목 : 동화구연 2편(지정동화 1편, 자유동화 1편)
- 동화구연지도사 2급
  필기과목 : 아동문학론, 화법론, 동화이해
  실기과목 : 자유동화 1편

- 동화구연지도사 3급

  필기과목 : 실기시험으로 대체

  실기과목 : 자유동화 1편

- **응시자격**

- 동화구연지도사 1급

  다음 각 호중에 한 가지에 해당하는 자

  ① 공공기관 및 사회단체에서 성인을 대상으로 동화구연지도사 강의 경력이 2년 이상인 자(해당 경력증명서 제출)

  ② 본 협회 2급 자격증을 소지하고 1년이 경과한 자(단, 본 협회 회원연수 50% 이상 수료자)

  ③ 어린이집 · 유치원 원장 자격증 소지자

  ④ 초 · 중 · 고등학교 교사 자격증 소지자

- 동화구연지도사 2급

  다음 각 호 중 한 가지에 해당하는 자

  ① 본 협회 3급 자격증 소지자

  ② 대학 재학생 또는 졸업한 자

  ③ 유치원 교사 자격증 소지자

  ④ 보육교사 2급, 또는 보육교사 3급 수료증 소지자

  ⑤ 독서지도사 · 독서치료사 · 논술지도사 · 청소년지도사 · 사회복지사 · 사서 · 노인복지사 자격증 소지자

  ⑥ 각종 동화구연대회에 입상한 자

  ⑦ 공공기관, 사회단체, 민간단체에서 동화구연 관련 교육을 45시간 이상 수료한 자

- 동화구연지도사 3급

  응시자격 제한 없음(만 17세 이상 지원 가능)

(4) POP교육교사

다양한 도구를 이용해 예쁘고 개성 있는 글씨체를 익힐 수 있도록 지도하여, 아이들의 집중력과 색채감각을 길러줄 수 있는 전문가를 뜻한다.

- **시험방법**

시험은 1급~3급으로 나뉘며 각 급수마다 매년 4회 3월 6월, 9월 12월에 실시된다. POP지도자 자격증은 한국직업능력개발원 정식 등록 민간자격증으로 (사)한국방과후교육진흥원에서 주관 및 발급한다.

- **시험과목**

예쁜 손글씨 POP교육교사 필기
POP이론, POP아트의 창의성과 조형물
예쁜 손글씨 POP교육교사 실기
창의성, 작품성 각 50점씩 배분

- **응시자격**

20세 이상은 누구나

(5) 유아놀이지도사

유아 및 아동의 연령에 따른 기본 욕구를 이해하고 이들의 욕구에 반응할 수 있는 대상별 연령별 일반적 놀이특성과 유아발달을 돕는 유아 프로그램을 개발하고 이를 구체적으로 교육현장에서 일반아동을 대상으로 놀이를 활용한 놀이문화 교육 프로그램 등을 통해 주의력, 자기판단력, 사고력, 추리력 향상에 도움을 주는 놀이교육활동을 지도하는 능력을 검정하는 자격이다.

- **유아놀이지도사 등급**

① 1급 : 직무내용 유아놀이지도 교육 프로그램 연구 개발 직무, 유아교육센

터 및 놀이센터 운영 책임자 직무, 유아놀이 프로그램 자료 등을 수집, 연구하는 직무, 유아놀이 활동 전문가

- 검정과목 : 놀이발달 유아교육, 유아발달심리학, 놀이상담론
- 합격기준 : 210점 이상 / 300점 만점
- 응시자격 : 20대 이상, 학사 이상

② 2급 : 직무내용 아동복지시설, 아동교육기관, 아동전용시설 놀이지도, 상담보조원, 유아놀이 지도 보조강사, 유아놀이상담 및 유아놀이지도 보조원, 유아놀이지도 관리서비스 및 안전지도원

- 정과목 : 유아놀이지도론, 유아안전교육, 유아놀이지도의 이론과 실제
- 합격기준 : 210점 이상 / 300점 만점
- 응시자격 : 20대 이상, 고졸 이상

(6) 미술치료사

심리적, 정서적, 사회적으로 장애를 겪고 있는 사람들에게 그림이나 조소, 디자인 등 시각적인 미술활동을 통해서 개인의 갈등을 조절하고 자기표현과 자아성장을 촉진시키며 자기상실, 왜곡, 방어, 억제 등의 상황에서 보다 명확한 자기개발과 자기실현을 표현하여서 개인의 내면적, 외면적인 조화를 이루도록 도와줌으로 해서 급변하는 현대사회 속에서 심리적으로 정서적으로 안정을 찾아서 건강한 사회 구성원이 될 수 있도록 도와주는 미술심리 상담 전문가를 말한다.

• 시험과목

- 미술치료사 1차 시험과목
  심리학개론, 색채학, 미술심리상담학, 이상심리학
  각 과목 4지선다형 25문제
- 미술치료사 2차 시험과목
  각 미술심리상담 이론과 실제
  주관식 및 단답형

• **응시자격**

① 1급

1. 상담심리, 교육심리, 청소년상담 관련 졸업자나 졸업예정자

2. 상담 관련 학사 이상인자로서 아래의 상담 관련 과목 중 3과목 이상 이수한 자 – 심리치료이론, 교육심리, 심리평가, 상담사례실습 및 지도, 상담방법, 집단상담, 아동상담, 가족상담, 상담면접

3. 협회 지정 교육기관에서 4과목 이상 온라인 강의 이수자

② 2급 : 제한없음

(7) 아동요리지도사

아동요리지도사는 아동 교육과 요리 전반에 대해 체계적이고 전문적인 교육을 받은 전문 지도자를 말한다. 아동요리지도사는 어린이들이 요리 활동을 통해 오감을 향상시킬 수 있고 건강한 정신과 신체 발달을 돕는 전문가이다.

어린이들의 창의력, 사회성, 정서 발달 등을 목표로 어린이들의 시선에 맞춰 식재료와 만드는 과정 등을 직접 손으로 익히고 만들고 표현하며 요리하는 즐거움을 느끼게 한다. 아이들에게 올바른 식습관과 생활 습관을 길러주고 놀이와 요리를 결합시킴으로써 오감을 자극해 아이의 신체적, 정신적, 창의적, 긍정적인 심성을 길러주는 데 도움이 된다.

• **시험방법**

아동요리지도사 자격증 시험 시행 기관은 (사)대한식문화연구원으로 자격시험은 1년 동안 4회를 실시하고 있다.

• **시험과목**

① 필기시험 : 아동 식문화 개론(10문항), 아동 식문화 교육(15문항), 아동 발달 사항(10문항),아동 요리 교육 시설과 환경(10문항), 키즈 파티 테이블 세팅(5문항),아동 요리 스타일링 실무(10문항)로 합격기준은 전체 객

관식 60문항 100점 중 60점 이상이다.

② 실기시험 : 창의성, 실용성, 작품성, 위생, 맛으로 100점 중 70점 이상이면 합격

• **응시자격**

아동요리지도자 자격증 과정 수료자로 자격시험은 필기시험과 실기시험으로 실시된다.

단, 실기시험은 필기시험 합격자에 한해 응시할 수 있다.

(8) 유아 레크리에이션 지도사

유아 레크리에이션 지도사란 미취학 아동인 유아대상으로 레크리에이션을 전문적으로 지도하는 역할을 하는 자를 말한다.

① 1급 : 유치원, 어린이집, 복지관, 아동센터, 놀이방 등에서 유아 레크리에이션 전문지도 및 유아 레크리에이션 관련 부모지도, 교사지도를 실시한다.

- 시험과목 : 유아 레크리에이션 지도학 총론 심화,
  유아 레크리에이션 심리과학,
  교수-학습 활동 창작과 적용
- 합격기준 : 60점 이상 / 100점 만점(과목별 100점 만점에 평균 60점 이상 득점하고 50점 미만의 과락 과목이 없어야 한다.)

② 2급 : 유치원, 어린이집, 복지관, 아동센터, 놀이방 등에서 유아 레크리에이션 전문지도를 실시한다.

- 시험과목 : 유아 레크리에이션 교수-학습 방법론,
  유아 레크리에이션 지도과정 심화,
  교수-학습 전개 능력을 평가
- 합격기준 : 60점 이상 / 100점 만점(과목별 100점 만점에 평균 60점 이상 득점하고 50점 미만의 과락 과목이 없어야 한다.)

③ 3급 : 유치원, 어린이집, 복지관, 아동센터, 놀이방 등에서 유아 레크리에이션 기초지도 및 보조지도를 실시한다.

- 시험과목 : 유아 레크리에이션 지도학 총론,
  유아 레크리에이션 지도과정,
  교수-학습 전개 능력을 평가
- 합격기준 : 60점 이상 / 100점 만점(과목별 100점 만점에 평균 60점 이상 득점하고 50점 미만의 과락 과목이 없어야 한다.)

• 응시자격

- 1급 : 본 기관이 지정한 평생교육법에 의거 설립된 평생교육기관 등에서 1급 양성과정을 이수하고 수료증을 받은 자로 한다. 1급 양성과정 지원자격은 2급 자격증 소지자 또는 학사학위 이상 소지자로 한다.
- 2급 : 본 기관이 지정한 평생교육법에 의거 설립된 평생교육기관 등에서 2급 양성과정을 이수하고 수료증을 받은 자로 한다. 2급 양성과정 지원자격은 3급 자격증 소지자 또는 전문학사 이상(대학교 재학생 포함)의 학력을 소지한 자로 한다.
- 3급 : 본 기관이 지정한 평생교육법에 의거 설립된 평생교육기관 등에서 3급 양성과정을 이수하고 수료증을 받은 자로 한다.

(9) 아동국악교육지도사

유아동을 대상으로 민족 고유의 음악언어인 국악교육으로 자긍심 고취 및 정서발달에 도움을 준다.

아동국악교육의 이론과 실제와 장구 및 소고지도법, 사물놀이, 난타, 전래동요, 국악동요와 놀이, 음악극, 탈춤놀이, 전통춤, 유아판소리 등 국악교육 전 영역을 유치원교육과정과 초등교육과정에 의거하여 활용할 수 있는 실질적 국악교육 능력을 키운다.

① 1급 : 전문적 국악교육 분야에서 교육학적 지식을 필요로 하는 업무
국악교수법 연구, 국악체험 프로그램 개발, 어린이집/유치원 국악교육,

초중등교육기관 국악교육, 방과 후 특별활동 국악교육
- 검정과목 : 이론, 기악, 가창, 무용
- 합격기준 : 70점 이상 / 100점 만점
- 응시자격 : 아동국악교육지도사 2급 취득자로서 심화연수 30시간 교육 이수자

② 2급 : 교육 분야에서 국악교수법을 활용한 기초적 교육업무
어린이집/유치원 국악교육, 초중등 교육기관 국악교육, 영유아/아동 대상 국악교육, 방과 후 특별활동 국악교육
- 검정과목 : 기악, 가창, 무용
- 합격기준 : 70점 이상 / 100점 만점
- 응시자격 : 국악연수 30시간 이상 이수자, 대학/대학원에서 아동(유아) 국악교육 1학기 이상 수강자

이외에도 보육교사로서 전문성을 높일 수 있는 많은 자격증들이 있다. 자격증에 대한 정보는 다음에 있는 사이트들에서 정보를 얻을 수 있다. 그리고 평생교육원들에서도 민간자격에 대한 교육이 이루어지고 있다.

- 민간자격정보서비스 한국직업능력개발원(www.pdi.or.kr)
- 민간자격증 정보지원센터(www.lisence.co.kr)
- 자격증정보지원센터(국내최대자격증정보사이트)(www.easy4u.co.kr)
- 한국정보지원센터(www.dawoo.co.kr)
- 이화여자대학교 평생교육원(http://sce.ewha.ac.kr)
- 숙명여자대학교 평생교육원(http://open.sookmyung.ac.kr)
- 수원대학교 사회교육원(http://cced.suwon.ac.kr)
- 수원과학대학교 평생교육원(http://cec.ssc.ac.kr)
- (사단법인) 한국대학레크리에이션협회(www.recunikorea.or.kr)
- 한국아동미술치료협회(www.kata.ne.kr)
- 한국미술심리치료협회(www.kapa.pe.kr)
- 한국아동요리지도자협회(www.cookingkids.co.kr)

- 한국자격중앙협회(www.kqca.co.kr)

- 민간자격증 정보지원센터(www.lisence.co.kr)

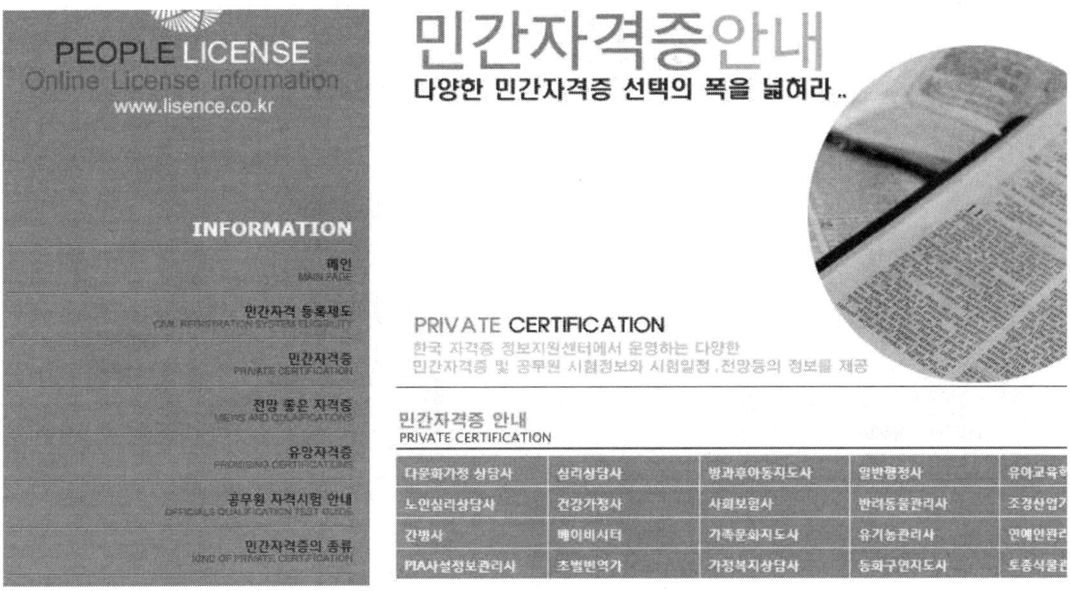

- 한국미술심리치료협회(www.kapa.pe.kr)

- 한국아동요리지도자협회(www.cookingkids.co.kr)

- (사)대한식문화연구원(www.kfcr.or.kr)

- 한국어린이국악교육협회(www.ikukak.or.kr)

- 수원대학교 사회교육원(http://cced.suwon.ac.kr)

- 수원과학대학교 평생교육원(http://cec.ssc.ac.kr)

- 이화여자대학교 평생교육원(http://sce.ewha.ac.kr)

- 숙명여자대학교 평생교육원(http://open.sookmyung.ac.kr)

- (사단법인) 한국대학레크리에이션협회(www.reunikorea.or.kr)

- 한국아동미술치료협회(www.kata.ne.kr)

REFERENCEREFERENCEREFERENCEREFERENCEREFERENCEREFERENCEREFERENCEREF

참고문헌

강영식(2004), 영유아 보육 서비스의 개선방안에 관한 연구, 사회과학논집, 제9호 pp.1-18.

강정은·송다영(2010), 보육교사의 교사효능감에 영향을 주는 요인에 관한 연구, The Women's Studies, Vol. 79 No. 2 pp. 81-114.

교육인적자원부·한국교육학술정보원(2005), 2005 교육정보화백서, 교육인적자원부.

김경철(2002), 유아와 컴퓨터, 서울 : 교육과학사.

김경철·유구종(1994), 유아 컴퓨터교육 활성화를 위한 기초조사 연구, 유아교육연구, 14(1), 239-266.

김선영(2001), 유아 컴퓨터교육을 위한 교사들의 컴퓨터 활동 및 인터넷 정보활용에 관한 조사연구, 신라대학교 석사학위논문.

김수영(2001), 가정에서의 유아 컴퓨터게임 이용에 대한 현황 연구, 이화여자대학교 교육대학원 석사학위 청구논문.

김아영 편저(2004), 학업적 자기효능감 : 이론과 현장연구, 서울 : 학지사.

김종미(2005), 교사의 ICT 활용 현황 및 유아교육관련 웹사이트의 교육과정충실도 조사, 숙명여자대학교 석사학위논문.

문혁준·백혜리·김정희·김민희(2008), 보육실습, 서울 : 창지사.

문혁준·김경희·김영심·김혜연·배지희·서소정·안효진·이경열·이미정·이희경·조혜정(2010), 유아교사론, 서울 : 창지사.

민성혜·신혜원·김의향(2013), 보육교사론, 서울 : 양서원.

박근주·성원호·김연진·이화영(2009), 유능한교사로 이끄는 영유아 교사론, 서울 : 양서원.

박낭자 외 8인(2006), 보육실습의 이해, 서울 : 창지사.

박선해·김미정(2013), 보육교사론, 서울 : 공동체.

박은혜(2009), 유아교사론, 서울 : 창지사.

박은혜(2010), 유아교사론, 서울 : 창지사.

박현경(2006), 유아교사의 놀이교수 효능감이 유아의 가장놀이 사회적 수준과 교사의 놀이 개입 유형에 미치는 영향, 한국교원교육연구 KCI, 23권 1호(통권37호) pp.215-233.

백영균 & 이광희(1994), 교육용 컴퓨터게임의 평가도구 개발 연구, 취암장학재단연구비지원, 교육학 연구, Vol. 32, No. 5, pp. 91-108.

보건복지부(2015), 보육사업안내, 보건복지부.

보건복지부(2015), 영유아보육법시행규칙 일부개정령안, 보건복지부.

서영숙·서혜전·김영명·채혜선·김진숙(2013), 보육학 개론, 서울 : 양서원

서혜성 외 2인(2012), 보육실습, 서울 : 공동체.

손미령·정영근(2011), 미국의 교직과 교사양성, 서울 : 문음사

신은수 외(2000), 교사 평정에 의한 유아용 정서지능 평가도구, 서울 : 창지사.

심숙영(2003), 유아발달에 적합한 ICT 활용, 서울 : 양서원.

여성가족부(2007), 보육교사를 위한 보육프로그램 교육연상자료 개발.

염지숙·이명순·조형숙·김현주(2010), 유아교사론, 정민사.

유구종(2001), 유아를 위한 컴퓨터교육, 서울 : 양서원.

이미화 외 4인(2008), 유치원과 보육시설 일원화체제를 위한 협력과 통합 방안, 육아정책연구소(KICCE).

이선경 & 이은정(2008), 보육실습, 서울 : 창지사.

이숙재(2004), 유아를 위한 놀이의 이론과 실제, 서울 : 창지사.

이광희(2003), ICT를 활용한 교수-학습, 서울 : 남두도서.

이광희(2006), 유아교육과 정보화 환경, 서울 : 남두도서.

이광희(2006), ICT를 활용한 교수-학습, 서울 : 남두도서.

이광희(2011), 보육실습과 영유이교육공학, 서울 : 남두도서.

이화여자대학교 교육공학과저(1996), 교육방법 및 교육공학, 서울 : 교육과학사.

이경우(2002), 유아교육과 멀티미디어, 서울 : 창지사.

이경우·김명순·류지후·박정선·이현옥·조부경·홍혜경·황보영란(1998), 유아를 위한 멀티미디어 교육의 이론과 실제, 서울 : 창지사.

이현주(2002), 유아 컴퓨터 활동 현황 및 교사와 어머니의 인식, 이화여자대학교 교육대학원 석사학위 청구논문.

이화여자대학교(2004), 21세기 교육방법 및 교육공학, 서울 : 교육과학사.

이화여자대학교 교육과학연구소 아동교육연구부편(2006), 영아를 위한 프로그램의 이론과 실제, 서울 : 창지사.

(재)한국보육진흥원(2013), 양성교육기관에서의 보육실습지도, http://www.kcpi.or.kr

(재)한국보육진흥원(2014), 보육교직원 자격기준 및 보육교사자격증 단체신청방법안내, (재)한국보육진흥원

전찬규(2001), ICT 활용 교육의 유형분석 및 적용에 관한 연구 : 내연 기관 단원을 중심으로, 건국대학교 교육대학원 석사학위 청구논문.

정경진(2007), 직무스트레스와 자기효능감이 보육교사의 직무만족과 이직의도에 미치는 영향, 충북대학교 교육대학원 석사학위 청구논문.

정미라 · 김지영 · 김희진 · 문혁준 · 박선희 · 박정선 · 이경우 · 이춘자 · 이현옥 · 조경자(2002), 어린이와 멀티미디어, 서울 : 이화여자대학교 출판부.

주영주 · 곽은순(2004), 유치원 활동과 컴퓨터, 서울 : 양서원.

주영주 · 이광희(2002), ICT를 활용한 사이버 교육환경 구축방안, 제5회 동계스쿨넷.

주영주 · 이광희 · 하영자(2006), 건전한 유아 ICT 활용환경 구축 정책, 교육정보화정책연구, 한국교육학술정보원.

하영수 · 이자형 외(2009), 아동건강간호학, 서울 : 신광출판사.

학술발표논문집, 92-101, 한국스쿨넷 운영위원회.

최태식 · 최태훈 · 박주희(2002), 유아컴퓨터교육의 이론과 실제, 서울 : 양서원.

Allinder, R. M.(1994), The relationship between efficacy and the instructional practices of special education teachers and consultants, Teacher Education and Special Education, 17, 86-95.

Ashton, P. T., & Webb, R. B.(1983), A study of teacher's sense of efficacy, ERIC Document Repreduction Service NO, ED 231833.

Bredekamp와 Rosegrant(1994), Learning and teaching with technology, In Wrignt, J.

Davidson, J. L.(1989), Children and computers together in the early childhood classroom, NY : Delmar.

Haugland, S.(2000), What role should technology play in young Children's learning, Journal of Computing in Childhood Education, 3(1), 15-30.

Haugland, S. & Wright, J.(1997), Young Children and Technology, Allynand Bacon.

McLester, S.(1996), Revisiting edutainment, Technology & Learning, 16(8), 43-54.

Papert, S.(1993), The children's machine : Rethinking school in the age of the computer, New York : Basic Books.

Peterson, C. & Stunkard, A. I(1992), Cognates of personal control : locus of control, self, efficacy, and explanatory style, Applied & Preventive psychligy.

Savenye, W., Haas, N., & Pollock, J.(1986), Effects of a school district microcomputer infusion on teacher attitudes toward computers.

민간자격정보서비스 한국직업능력개발원(www.pdi.or.kr)

민간자격증 정보지원센터(www.lisence.co.kr)

보건복지부(http://www.mw.go.kr)

(사)대한식문화연구원(www.kfcr.or.kr)

(사)한국대학레크리에이션협회(www.reunikorea.or.kr)

숙명여자대학교 평생교육원(http://open.sookmyung.ac.kr)

수원대학교 사회교육원(http://cced.suwon.ac.kr)

수원과학대학교 평생교육원(http://cec.ssc.ac.kr)

이화여자대학교 평생교육원(http://sce.ewha.ac.kr)

자격증 정보지원센터(www.licenseinfo.kr)

자격증 정보지원센터(국내최대자격증정보사이트)(www.easy4u.co.kr)

(재)한국보육진흥원(http://www.kcpi.or.kr)

중앙육아종합지원센터(http://central.childcare.go.kr)

한국정보지원센터(www.dawoo.co.kr)

한국아동미술치료협회(www.kata.ne.kr)

한국미술심리치료협회(www.kapa.pe.kr)

한국아동요리지도자협회(www.cookingkids.co.kr)

한국자격중앙협회(www.kqca.co.kr)

한국어린이국악교육협회(www.ikukak.or.kr)

APPENDIX

부 록

■ 보육실습일지
■ 보육실습생의 준수사항
■ 보육실습생 출근부
■ 보육실습기관현황
■ 보육실습기관의 환경현황
■ 연간교육계획안
■ 월간교육계획안
■ 주간교육계획안
■ 식단표
■ 일일보육활동
■ 단위 보육활동계획안
■ 반나절 보육활동계획안
■ 일일 보육활동계획안
■ 보육실습평가서
■ 보육실습결과보고서
■ 교재교구계획안
■ 실습 후의 전반적인 소감
■ 보육실습생 자기평가표
■ 영유아보육법령집(CD에 수록)

〈부록 1〉 보육실습일지 예시

보 육 실 습 일 지

**** 과

<table>
<tr><td rowspan="2">실 습 생</td><td>학 과</td><td></td><td>학 년</td><td></td></tr>
<tr><td>성 명</td><td></td><td>학 번</td><td></td></tr>
<tr><td rowspan="3">실 습 기 관</td><td>기 관 명</td><td colspan="3">어린이집</td></tr>
<tr><td>주 소</td><td colspan="3"></td></tr>
<tr><td>지도교사</td><td colspan="3"></td></tr>
<tr><td>실 습 기 간</td><td colspan="4">20 년 월 일 부터
20 년 월 일 부터 (주간)</td></tr>
</table>

** 대 학 교

〈부록 2〉 보육실습생의 준수사항 예시

보육실습생의 준수사항

1. 실습생은 실습 어린이집 규정에 따라 생활한다.

2. 실습생은 언행, 태도, 복장 등 모범이 될 수 있도록 한다.

3. 실습생은 정시에 출근하고 출근부에 날인한다.

4. 실습생은 결근, 조퇴를 금하며 부득이한 경우 실습 어린이집 측의 허락을 받는다.

5. 실습생은 근무시간 중 외출을 금한다.

6. 실습생은 영유아 또는 학부모와 원 외에서 사사로이 만나서는 안 된다.

7. 실습생은 실습기간 중 실습에만 전념하도록 한다.

8. 실습생은 단독으로 영유아를 처벌하거나 상을 줄 수 없다.

9. 실습생은 어린이집의 정상적인 교육활동을 방해해서는 안 된다.

10. 실습생은 실습일지를 그날그날 기록하며 지도교사에게 제출 후 되돌려 받는다.

11. 실습 어린이집의 교육목적과 교육방침을 이해하고 적극적으로 참여 협력하여야 한다.

12. 실습이 끝나면 차관실습일지, 출근부 등을 지체 없이 학과사무실에 제출한다.

13. 실습생은 어린이집 발전과 영유아교육에 헌신해야 한다.

14. 실습생은 실습에 최선을 다하고 교사로서의 품위를 손상함이 없어야 한다.

15. 모든 서류는 기일 엄수하여 제출하여야 한다.

〈부록 3〉 보육실습생 출근부 예시

보육실습생 출근부

보육실습 기관명 :

보육실습생 성명 : 학 번 :

실 습 기 간 : 20** 년 * 월 * 일 ~ 20** 년 * 월 * 일

	월	화	수	목	금
1주	월 일	월 일	월 일	월 일	월 일
2주	월 일	월 일	월 일	월 일	월 일
3주	월 일	월 일	월 일	월 일	월 일
4주	월 일	월 일	월 일	월 일	월 일

비고		지도교사	원감	원장
	◎ 총 실습일수 : ◎ 출 근 일 수 : ◎ 결 근 일 수 : ◎ 조 퇴 횟 수 : ◎ 지 각 횟 수 :			

위 사실을 증명함.

년 월 일

어린이집(유치원) 원장

(직인)

〈부록 4〉 보육실습기관현황 예시

보육실습기관현황

▶보육실습기관명:

▶원 훈:

▶원장의 운 영 관:

▶학급 편성 및 보육형태:

학 급 명	연 령	보육 아동수	교 사 수	비 고
계				

▶보육실습기관 위치도:

〈부록 5〉 보육실습기관의 환경현황 예시

보육실습기관의 환경현황

※실외 환경 구성도

※실내 환경 구성도

〈부록 6〉 연간교육계획안 예시

연간교육계획안

	단 원		주 제	행 사
3월		1주		
		2주		
		3주		
		4주		
4월		1주		
		2주		
		3주		
		4주		
5월		1주		
		2주		
		3주		
		4주		
6월		1주		
		2주		
		3주		
		4주		
7월		1주		
		2주		
		3주		
		4주		
8월		1주		
		2주		
		3주		
		4주		

〈부록 7〉 월간교육계획안 예시

월간교육계획안

실습생	지도교사	원장

월

단 원 명		
목 표 (단원 설정이유)		
	단 원	소 단 원 (주 제)
1 주		
2 주		
3 주		
4 주		
비 고		

〈부록 8〉 주간교육계획안 예시

주간교육계획안

실습생	지도교사	원장

______주 (월 일 ~ 월 일)

주 제	
목 표	
요 일	내 용
월 (일)	
화 (일)	
수 (일)	
목 (일)	
금 (일)	
비 고	

〈부록 9〉 식단표 예시

식 단 표

		월	화	수	목	금
1주		월 일	월 일	월 일	월 일	월 일
	중식					
	간식					
2주		월 일	월 일	월 일	월 일	월 일
	중식					
	간식					
3주		월 일	월 일	월 일	월 일	월 일
	중식					
	간식					
4주		월 일	월 일	월 일	월 일	월 일
	중식					
	간식					

〈부록 10〉 일일보육활동 예시

일 일 보 육 활 동

〈부록 11〉 단위 보육활동계획안 예시

단위 보육활동계획안

<table>
<tr><td rowspan="2">제출일</td><td rowspan="2">월 일 요일</td><td rowspan="2">결 재</td><td>보육실습생</td><td>보육실습
지도교사</td><td>원장</td></tr>
<tr><td>㊞</td><td>㊞</td><td>㊞</td></tr>
<tr><td>보육실습 학급</td><td></td><td>보육실습 일시</td><td colspan="3"></td></tr>
<tr><td>보육실습생</td><td></td><td>보육실습 지도교사</td><td colspan="3"></td></tr>
<tr><td>주 제</td><td></td><td>소주제</td><td colspan="3"></td></tr>
<tr><td>활동일시</td><td></td><td>활동시간</td><td colspan="3"></td></tr>
<tr><td>활동명</td><td></td><td>흥미영역/활동유형</td><td colspan="3"></td></tr>
<tr><td>활동목표</td><td colspan="5"></td></tr>
<tr><td colspan="4">활동방법</td><td colspan="2">활동자료</td></tr>
<tr><td>도 입</td><td colspan="3"></td><td colspan="2" rowspan="3"></td></tr>
<tr><td>전 개</td><td colspan="3"></td></tr>
<tr><td>마무리</td><td colspan="3"></td></tr>
<tr><td>확장활동</td><td colspan="5"></td></tr>
<tr><td>유의사항</td><td colspan="5"></td></tr>
</table>

〈부록 12〉 반나절 보육활동계획안 예시

반나절 보육활동계획안

<table>
<tr><td rowspan="2">제출일</td><td rowspan="2">월 일 요일</td><td rowspan="2">결재</td><td>보육실습생</td><td>보육실습
지도교사</td><td>원장</td></tr>
<tr><td>㊞</td><td>㊞</td><td>㊞</td></tr>
<tr><td>보육실습 학급</td><td></td><td>보육실습 일시</td><td colspan="3"></td></tr>
<tr><td>보육실습생</td><td></td><td>보육실습 지도교사</td><td colspan="3"></td></tr>
<tr><td>주 제</td><td></td><td>소주제</td><td colspan="3"></td></tr>
<tr><td>활동일시</td><td></td><td>활동시간</td><td colspan="3"></td></tr>
<tr><td>활동목표</td><td colspan="5"></td></tr>
<tr><td>일일목표</td><td colspan="5"></td></tr>
<tr><td colspan="5">활동방법</td><td>활동자료</td></tr>
<tr><td>등원지도
(8:30∼09:00)</td><td colspan="4"></td><td></td></tr>
<tr><td>실내
자유선택
활동
(9:00∼10:15)</td><td colspan="4"></td><td></td></tr>
<tr><td>정리정돈
(10:15∼10:30)</td><td colspan="4"></td><td></td></tr>
<tr><td>오전 간식
(10:30∼10:50)</td><td colspan="4"></td><td></td></tr>
<tr><td>실외
자유선택
활동·게임
(10:50∼11:50)</td><td colspan="4"></td><td></td></tr>
<tr><td>유의사항</td><td colspan="5"></td></tr>
</table>

〈부록 13〉 일일 보육활동계획안 예시

일일 보육활동계획안

실습생	지도교사	원 장

학급명		활동일시		시간	
생활주제			소주제		
활동유형					
일일목표					
활동명 및 내용					활동자료
등원지도					
실내 자유선택활동					
(일과에 맞게 학급별로 기술)					
유의사항					

〈부록 14〉 보육실습평가서 예시

보 육 실 습 평 가 서

성 명 :
생 년 월 일 :
보육실습기관명 :
보육실습기간 : 20 년 월 일 ~ 20 년 월 일

평가영역(배점)	평가항목		배점	점수
근무태도와 자질 (20점)	근무사항	출석, 결석, 지각, 조퇴 등	5	
	태도	성실성, 근면성, 친절, 적극성, 복장 및 용모, 예절	5	
	자질	영유아 존중, 책임감, 인성, 열의	5	
	관계형성	실습 지도교사와의 관계 동료 실습생과의 관계	5	
보육활동 계획과 실행 (30점)	보육활동 계획	영역별, 반일(일일)보육활동 계획의 적합성과 충실한 준비	15	
	보육활동 실행	영역별, 반일(일일)보육활동의 효과적이고 적절한 실행 정도	15	
예비보육 교사로서 역할수행(30점)	영유아 행동 및 놀이 관찰, 보육환경 관찰		5	
	보육일과 진행 보조와 일상생활지도		10	
	영유아 상호작용과 놀이 참여		15	
보육실습일지 작성(10점)	구체적이고 충실한 보육실습일지 작성과 일일자기평가 및 지도교사 평가 반영		10	
총평(10점)	실습기간동안 예비보육교사로서 향상 정도		10	
총 점			100	

년 월 일

보육실습 지도교사 : (인)
어린이집(유치원) 원장 : (인)

〈부록 15〉 보육실습결과보고서 예시

보육실습결과보고서

1. 실습기관명 :
2. 실 습 기 간 :
3. 지 도 교 사

직명	성명	담당내용	비고

4.실 습 내 용 :

제 1 주	제 2 주	제 3 주	제 4 주

5. 실 습 교 사 :

성 명	근무태도 (20%)	보육활동 계획과 실행(30%)	예비보육교사로서 역할수행(30%)	보육실습일지 작성(10%)	총 평 (10%)	합 계 (100%)

위 사실을 증명함.

년 월 일

실습기관 : 원장 (인)

위 사실을 확인함.

년 월 일

****** 대 학 교 ***** 과**

〈부록 16〉 교재교구계획안 예시

교재교구계획안

교구명			
주 제		관련영역	
대상연령		수 준	
목 표			
재 료			
교구 제작 방법			
활동 방법			
유의점			

〈부록 17〉 실습 후의 전반적인 소감 예시

실습 후의 전반적인 소감

〈부록 18〉 보육실습생 자기평가표 예시

보육실습생 자기평가표

평 가 항 목	1	2	3	4	5
1. 보육목표에 맞는 보육내용을 영유아 흥미와 수준에 맞게 선정했는지?					
2. 영유아 흥미와 능력, 사건경험을 관찰하여 지도계획이 수립되었는지?					
3. 보육활동계획안이 적절하게 계획 실행되었는지?					
4. 보육활동계획안에 따라 자료준비가 충실하게 되었는지?					
5. 영유아 행동을 민감하게 파악하고 상호작용에 최선을 다했는지?					
6. 다양한 흥미영역에 참여하여 놀이가 지속되고 확장되도록 촉진하였는지?					
7. 왕성한 학습의욕을 일으키도록 동기유발이 잘 되었는지?					
8. 다양한 교수법을 활용하여 교육효과를 올릴 수 있었는지?					
9. 부정적 정서나 갈등상황을 파악하여 긍정적으로 해결되도록 하였는지?					
10. 영유아 개별적 특성, 개인차를 고려한 지도를 하였는지?					
11. 아동 존중 언어를 사용하며 발음이 분명하고 고저나 빠르기가 적당하여 아동의 주의를 이끌고 갈 수 있었는지?					
12. 실습일지, 활동계획, 관찰, 평가를 성실히 기록하였는지?					
13. 아동들의 안전과 위생에 신경을 썼는지?					
14. 아동들의 활동참여, 놀이유형, 또래관계 등을 관찰하여 그 결과를 지도에 활용했는지?					
15. 교실의 통풍, 채광, 청소 등 위생적인 환경구성을 배려했는지?					
16. 실습기관의 지도방침에 적극 협력했는지?					
17. 지도교사와의 관계를 원만히 유지하며 성실하였는지?					
18. 영유아 수준과 흥미에 적합하도록 다양한 문헌정보를 연구하였는지?					
19. 실습 동료들과 잘 협력하도록 노력하였는지?					
20. 아동들과 친밀해지고 신뢰받게 되고 나아가 존경받게 되었는지?					

※ 이는 자기반성을 위한 평가이기 때문에 자기행동을 가능한 한 객관적으로 평가할 것. 이 평가표는 장래 교사생활의 반성자료로 활용해 주기 바람.

평가요령:5 → 대단히 좋다. 4 → 좋다. 3 → 보통이다. 2 → 나쁘다. 1 → 아주 나쁘다.

〈부록 19〉 영유아보육법령집

영유아보육법령집

– CD에 수록 –

▥ 저자약력 ▥

■ 이 광 희

-이화여자대학교 교육대학원 교육공학 M.A.
-뉴욕주립대학교 교육공학 석·박사 및 아동학 전공
-현) 수원과학대학교 아동보육과 교수
-(Save the Children)신나는어린이집 자문위원
-(사)한국서비스표준진흥원 자문위원

■ 백 승 민

-이화여자대학교 교육공학과(문학사)
-이화여자대학교 교육대학원 교육공학 M.A.
-현) 수원과학대학교 아동보육과 강사
-서울특별시 청소년 커리어코치

유능한 보육교사를 위한 보육실습

2015년 10월 30일 1판 1쇄 발행

저 자 이광희 · 백승민
발행인 남 승 우

발행처 도서출판 상尙 학學 당堂
서울시 동작구 사당로9가길 6(사당동)
TEL : 02) 595-1692～4
FAX : 02) 595-1394
E-mail : namdoo6@unitel.co.kr
신고 : 2-155호 (1968. 11. 29)

(CD 포함) **정가 22,000원**

ISBN 978-89-6587-137-8 93370

〈디자인〉 편집 이선경 / 표지 토틀컴